BEI GRIN MACHT SICH IHR WISSEN BEZAHLT

AF151707

- Wir veröffentlichen Ihre Hausarbeit, Bachelor- und Masterarbeit

- Ihr eigenes eBook und Buch - weltweit in allen wichtigen Shops

- Verdienen Sie an jedem Verkauf

Jetzt bei www.GRIN.com hochladen und kostenlos publizieren

Bibliografische Information der Deutschen Nationalbibliothek:

Die Deutsche Bibliothek verzeichnet diese Publikation in der Deutschen National-
bibliografie; detaillierte bibliografische Daten sind im Internet über http://dnb.d-
nb.de/ abrufbar.

Impressum:

Copyright © 2014 GRIN Verlag, Open Publishing GmbH
Druck und Bindung: Books on Demand GmbH, Norderstedt Germany
ISBN: 978-3-668-09898-5

Dieses Buch bei GRIN:

http://www.grin.com/de/e-book/311124/das-politische-system-deutschlands-von-
stefan-marshall-eine-zusammenfassung

Lukas Grangl

"Das politische System Deutschlands" von Stefan Marschall. Eine Zusammenfassung

GRIN Verlag

GRIN - Your knowledge has value

Der GRIN Verlag publiziert seit 1998 wissenschaftliche Arbeiten von Studenten, Hochschullehrern und anderen Akademikern als eBook und gedrucktes Buch. Die Verlagswebsite www.grin.com ist die ideale Plattform zur Veröffentlichung von Hausarbeiten, Abschlussarbeiten, wissenschaftlichen Aufsätzen, Dissertationen und Fachbüchern.

Besuchen Sie uns im Internet:

http://www.grin.com/

http://www.facebook.com/grincom

http://www.twitter.com/grin_com

Inhalt

Zusammenfassung
Stefan Marschall: Das politische System Deutschlands

1 Die zweite deutsche Demokratie – Baupläne und Grundbausteine[1]

- **"Pfadabhängigkeit"**: Kein politisches System entsteht in einem luftleeren Raum -> es besteht eine "Pfadabhängigkeit" in historischer Hinsicht (=> Unterschiedlichkeit von Regierungssystemen in verschiedenen Ländern.)
  - ... -> Weimarer Republik -> NS-System -> II. WK -> Besatzungszeit -> BRD (Rückgriff auf Erfahrungswerte der Vergangenheit, Bspw. Adenauer; Weimar diente als negative Blaupause bei erstellung des Grundgesetzes)

Erfahrungswerte (beispielhaft):
- Weimarer Republik (offene und freiheitliche Demokratie): *Regierung* dem *Reichstag* (direkt gewählt) *verantwortlich*; ebenfalls *direkt gewählt* war der *Reichspräsident* (7 Jahre), dessen Aufgabe es war über die Verfassung zu hüten (hatte das Recht den Reichstag aufzulösen; Besondere Notstandsrechte -> "Ersatzkaiser"). *Möglichkeit* der *direkten Demokratie*.
  Probleme: *keine gemeinsame geschützte Wertebasis* (-> NSDAP, Kommunisten; häufige Regierungswechsel)
  - "Demokratie ohne Demokraten" -> verfassungsmäßige Rahmen passt nicht zum Inhalt.
  - Ernennung Hitlers zum Reichskanzler bedeutete das faktische Ende der Weimarer Republik.
- **Paulskirchenverfassung von 1848:** Revolutionäre Unruhen im Jahr 1848 -> Nationalversammlung in Frankfurt/Main. Im März 1849 Verfassung, die einen deutschen Bundesstaat begründen sollte -> Widerstand der Fürsten, Ablehung der Kaiserkrone -> scheiterte.

Enthalten war aber auch ein Grundrechtekatalog, der in die Bonner Verfassung einging.

Rahmenbedingungen der Entstehung der BRD:
- das **Besatzungsregime** (Augehobene Souveränität Deutschlands) und der Kalte Krieg,
  - Besatzungszonen; keine gemeinsame Deutschlandpolitik der Besatzer; Ab Frühjahr 1948 Trennung Ost – West (D-Mark,... während Osten an Sowjetunion rückte)
- die **wirtschaftlichen** und **gesellschaftlichen Folgen des Zweiten Weltkrieges**,
  - Wiederaufbau mit ausländischer Unterstützung (Marshall- Plan
- die **Entnazifizierung**
  - Unterschiedlicher Ablauf in den verschiedenen Besatzungszonen; Gesetz Nr. 104 zur Befreiung von NS und Militarismus, 5. März 1946.
- die **Entstehung politischer Systeme auf Länderebene**
  - Entstehung regionaler Verwaltungseinheiten auf regionaler Ebene. Gründung der Länder in den Besatzungszonen. Erste Landesverfassungen traten im Dezember 1946 in Kraft. Anschluss an vorhandene Gebietstraditionen. Zerschlagung Preußens. Diese Körperschaften waren demokratisch gewählt, allerdings unter strenger alliierter Aufsicht; Ausbildung politischen Führungspersonals.

---

[1] Vgl. Marschall, Stefan: Das politische System Deutschlands, Konstanz: UVK Verlagsgesellschaft [2]2011 (=UTB 2923), 20– 43.

- die **Wieder- oder Neuformierung der Parteien.**
  - Anknüpfung an Parteitraditionen (SPD, KPD); Neuschaffungen auf Grundlage der Weimarer Republik (CDU, FDP). Räume der Parteipolitik waren vor allem die Länder -> Vertreter der Länder im Erstellungsprozess des Grundgesetzes waren Parteipolitiker

- **Marksteine auf dem Weg zur Bundesrepublik**
  - **Januar 1947** Gründung der **Bizone** (Zusammenlegungder britischen und Usamerikanisch besetzten Zonen)
  - **23. Februar – 2. Juni 1948 Londoner Sechs-Mächte-Konferenz**, »Londoner Empfehlungen«. Flossen ein in ->
  - **1. Juli 1948 Übergabe der »Frankfurter Dokumente«.** Aufforderung zur Einberufung einer "verfassungsgebenden Versammlung" (eine Regierungsform förderalistischen Typs sollte es sein). Kontrollrechte der Militärgouverneure bei Verfassungsgebung.
  - **8. – 10. Juli 1948 »Rittersturz«-Konferenz** der Ministerpräsidenten; Diskussion der Aufforderung
  - **10. – 23. August 1948 Verfassungskonvent** auf *Herrenchiemsee*
  - **1. September 1948 – 8. Mai 1949 Parlamentarischer Rat in Bonn** -> Verabschiedung eines "Grundgesetztes", keiner Verfassung auf Wunsch der Ministerpräsidenten; 65 stimmberechtigte Abgeordnete, gewählt durch ihre jew. Landesparlamente; Präsident des Rates: Konrad Adenauer (CDU); Vorsitzender des Hauptausschusses war Carlo Schmid (SPD); Diskussion um Fragen der Beziehungen zwischen Ländern und Bund, Steuerverteilung, Rolle des Staatsoberhauptes und das Verhältnis Kirche – Staat.
- **24. Mai 1949** trat das **Grundgesetz nach Ratifikation** in den **Landesparlamenten in Kraft.**

- **Grundlegende Staatsprinzipien: Sozial-, Rechts- und Bundesstaatlichkeit**; Grundsatz der **"wehrhaften Demokratie"**, die sich gegen innere und äußere Feinde zur Wehr setzt: Art. 20 GG »(1) Die Bundesrepublik Deutschland ist ein demokratischer und sozialer Bundesstaat. (2) Alle Staatsgewalt geht vom Volke aus. Sie wird vom Volke in Wahlen und Abstimmungen und durch besondere Organe der Gesetzgebung, der vollziehenden Gewalt und der Rechtsprechung ausgeübt. (3) Die Gesetzgebung ist an die verfassungsmäßige Ordnung, die vollziehende Gewalt und die Rechtsprechung sind an Gesetz und Recht gebunden. (4) [...]«

  - **(1) Demokratie und Republik:** Alle staatliche Gewalt legitimiert sich durch das Volk. Demokratisches Prinzip durch *Wahlen und Abstimmungen* umgesetzt.
  - **(2) Sozialstaat:** Unantastbarkeit der *Würde des Menschen*
  - **(3) Bundesstaat:** *Föderale Struktur* der BRD; System vertikaler Gewaltenteilung, neben der horizontalen Teilung
  - **(4) Rechtsstaatlichkeit:** keine Willkür der Herrschenden; *Recht steht über der Macht*; Gewaltenteilung.
- *Grundgesetzänderungen und Ewigkeitsklausel:* Art. 79 legt substantiellen Änderungen des Grundgesetztes Steine in den Weg (Änderung nur auf Gesetzesweg, Zwei-Drittel-Mehrheit im Bundesrat). Verbot der Antastung der Substanz des Grundgesetzes (Art. 1 Würde des Menschen; Art. 20 Demokratie, Bundesstaat,...). Ewigkeitsklausel ist eine Abkehr von der Weimarer Republik mit ihrem Rechtspositivismus.

- **Deutsche Teilung:** Entstehung der DDR aufgrund äußeren Drucks in der Sowjetzone; 40 jähriges Bestehen -> *Deutsche Einheit 1990*
  - ○ **Vereinigungsoption im Art. 23 GG**; sah 1949 schon nach einer "befristeten Konstanten" aus.
  - ○ *Entstehung der DDR als in* den *Westzonen* sich *Tendenzen zur Staatsgründung* abzeichneten -> Der Zweite Volkskongress erstellte bis Ende Oktober 1948 eine Verfassung. Bestätigt wurde diese durch den aus Einheitslisten gewählten Volkskongress, der suich am 7. Oktober 1949 konstituierte und die Verfassung in Kraft setzte.
  - ○ *Übermacht von SED und Stasi:* Machtzentren waren das Politbüro, das Zentralkomitee der SED, sowie der Erste Sekretär/ Generalsekretär. Partei- und Staatsführung waren eng verzahnt. Kein Parteienwettbewerb, keine freien Wahlen, keine Versammlungs- und Meinungsfreiheit.

Bau der Mauer in Berlin im Jahr 1961; Reisebeschränkungen
  - ○ *Ausweitung des Austausches* mit dem Osten *im Rahmen der Ostpolitik Bonns*
  - ○ *9. November 1989 Fall der Mauer* -> Weg frei für die...
  - ○ *... Schrittweise Wiedervereinigung.* Rechtlich gesehen mit dem Staatsvertrag zur Schaffung einer einheitlichen Währungs-, Wirtschafts- und Sozialunion im Mai 1990, sowie mit dem Einigungsvertrag im August 1990 vollzogen. Außenpolitische Absicherung durch den Zwei-plus-Vier- Vertrag im September 1990
  - ○ **Beitritt der Ostdeutschen Länder am 3. Oktober 1990 gem. Art. 23 GG.**
  - ○ *Alternativ* wäre die *Schaffung einer Verfassung für das ganze Deutsche Volk* gem. Art. 146 GG möglich gewesen.

2 Die repräsentative Demokratie – zwischen Mitmachen und Zuschauen[2]

Entscheidung für eine "super-repräsentative" Verfassung:

- **'Partizipation'** = *Zentraler Begriff der Demokratie.* Frage: Wie weit soll die Bürgerbeteiligung gehen?
  - ○ *Fehlen direktdemokratischer Elemente auf Bundesebene*; Generell sind diese in den Staaten Ausnahmen
    - Abstimmungen über Sachfragen (Möglichkeit nach Art. 20 GG) sind Ausnahmen.
    - Auf *Länder- und Kommunenebene* sind *direktdemokratische Verfahren etabliert*
    - *Direktdemokratische Möglichkeiten: (a) Plebiszite* (von Regierung, Präsident oder Parlament angesetzte) /Referendum/ Volksentscheide -> Verbindliche Entscheidungen in Sachfragen, die durch das Volk getroffen werden; *(b) Volksbegehren* -> Aus dem Volk stammender Antrag auf Durchführung eines Volksentscheids; *(c) Volksinitiative* -> von bestimmter Anzahl an Bürgern eingebrachter Gesetzesvorschlag
    - Argumente pro und contra mehr direkte Demokratie: Tab. 2 S. 47 Skript
  - ○ **Partizipatives _gegen_ repräsentatives Modell von Teilhabe am politischen Prozess:**
    - *(a) Partizipative oder 'identitäre' Variante: Bürger vertreten sich unmittelbar selbst.* Geht auf Roussau zurück, der jede "Veräußerung" von Souveränität weg vom Bürger ablehnte

---

[2]Vgl. Marschall, Das politische System Deutschlands, 2011, 44–61.

- **(b) Repräsentatives Modell:** *Bürger durch Repräsentanten vertreten,* die an ihrer statt verbindliche Entscheidungen treffen. Hauptorgane: Parlamente oder direkt gewählte Präsidenten.
  - **Moderne Flächenstaaten benötigen repräsentative Einrichtungen**

Wahlen und Wähler:
- **Entscheidung** *nicht in Sachfragen,* sondern **in Personalfragen durch das Volk:**
- **4-jährige Legislaturperiode**
- Parlament einziges direkt gewähltes Organ auf Bundesebene
- **Verfahren der Bundestagswahl:** (vgl *Art. 38* und *39 GG "Bundestagsartikel"*)
  - *Allgemeines* (alle Bürger, unabhängig Bildung, Besitz,...),

freies (Wahlmöglichkeiten müssen gegeben sein, keine Einheitslisten),

gleiches (gleiches Gewicht der einzelnen Stimmen),

direkt (Wähler entscheidet direkt über die Zusammensetzung des Bundestages, es darf kein Zwischengremium die Gewichtung ändern) und

geheimes Wahlrecht (unbeobachtete Stimmenabgabe)
  - **Personalisiertes Verhältniswahlrecht:** Im *Bundeswahlgesetz* (BwahlG) festgesetzt:
    - Mehrfache Änderung des Bundeswahlgesetzes; Einfluss auf Parteien und Zusammensetzung des Bundestages
    - 299 Wahlkreise
    - **Pro Wahlberechtigtem 2 Stimmen:**

1. Stimme -> *Abgeordneten* des jew. *Wahlkreises;*

2. Stimme ('Kanzlerstimme') -> Parteiliste (die jew. Landesliste)
    - **598 Sitze im Bundestag** -> relative Verteilung nach den Zweitstimmen
    - *Verrechnungsverfahren nach Sainte-Laguë:*

bestimmt sich seit der Wahl 2009 nach einem »Divisorverfahren«, benannt nach dem französischen Mathematiker André Sainte-Laguë. 1. Durch eine Näherungszuteilung, bei der die Gesamtzahl aller zu berücksichtigenden Stimmen durch die Gesamtanzahl aller zu verteilenden Mandate geteilt wird, wird ein »Zuteilungsdivisor« ermittelt. Die errechnete Sitzzahl muss mit der Zahl der Gesamtmandate übereinstimmen. Anschließend werden die Stimmenanteile der Parteien durch diesen Divisor geteilt und die Bruchwerte gerundet. Das Ergebnis legt fest, wie viele Sitze eine Partei erhält (Oberverteilung). Daraufhin wird nach dem gleichen Verfahren eine Verteilung der Parteisitze auf die jeweiligen Landesverbände vorgenommen (Unterverteilung). Priorität haben die gewählten "Direktkanditaten" der jeweiligen Liste; anschließend wird nach Reihenfolge der jew. Landesliste verteilt.
    - Überhangmandate: Partei hat in einem Bundesland mehr Sitze gewonnen, als ihr nach der Anzahl der Zweitstimmen zustehen.
    - **5 Prozenthürde:** Muss eine Partei an Zweitstimmen bundesweit erreichen, damit sie für die Sitzverteilung berücksichtigt wird; Sorgt für politische Stabilität in der Parteienlandschaft;
    - **Direktmandatklausel:** Wenn eine Partei unter der 5% Hürde liegt, aber drei oder mehr Direktmandate auf sich vereint, dann werden ihre Zeitstimmen in die Verteilung der Sitze einbezogen.
- **Entwicklung der Wahlbeteiligung:** Relativ *stabil auf hohem Niveau* im Laufe der Wahlen *(ca. Bei 80%)*
  - **Nichtwählertypen:** *(a) unechte Nichtwähler* (fehlerhafte Wählerverzeichnisse); *(b) grundsätzliche Nichtwähler* (religiöse, private,... Gründe); *(c) konjunkturelle Nichtwähler* (Entscheiden von Wahl zu Wahl)
  - **Wahlabstinenz:** Zeichen von *Protest oder Zufriedenheit?* Hohe politische Teilnahme

im Volk würde auch hohe politische Polarisierung bedeuten. Auch zeigt die Wahlbeteiligung, wie wichtig die Bürger das jeweilige Parlament finden/ wahrnehmen.

- **Wahlverhalten – Erklärungsmodelle:** Zentrale Frage: Warum geht jemand zur Wahl und warum wählt jemand so, wie er wählt?
  - *(a) Soziologische Ansätze:* Nach dieser Sichtweise hängt die Wahlentscheidung davon ab, welcher sozialen Gruppe (konfessionell, sozio-ökonomische,... Einflussfaktoren)
  - *(b) Psychologischer Ansatz:* Wahlentscheidung ist Ergebnis individueller Meinungsbildung, die nur bedingt von sozialen Faktoren beeinflusst wird. Entscheidend ist die Parteiidentifikation, die sich im Rahmen der politischen Sozialisation herausgebildet hat.
  - *(c) Rational Choice- Ansätze:* Individuelle Kosten-Nutzen-Analyse bestimmt die Wahlentscheidung.
  - **Zunehmende Volatilität (kurzfristige Wahlentscheidungen)**

Sonstige Formen politischer Beteiligung:
- Zahlreiche *Möglichkeiten politscher Beteiligung neben Wahlen:*
  - Von **Verfassung vorgesehene konventionelle Beteiligungsformen:** Parteien, Wahlen, Volksentscheide (auf Landesebene), Vereine; EU-Parlamentswahlen; 'verfasste Beteiligungsformen'
  - **unkonventionelle Beteiligungsformen:** Gewalt, Beschädigungen, Boykott-Aktionen, Demonstrationen oder Teilnahme an Unterschriftenaktionen
    - Gebrauch dieser Mittel unterliegt zeitlichen Schwankungen und Konjunkturen
  - **Nutzung** verschiedenster **Kommunikationsmedien.**
  - **NSB (Neue Soziale Bewegungen):** Zusammenschlüsse von Bürgern, die sich infolge der Studentenunruhen in den 60er und 70er Jahren in den USA bildeten -> Ziele: Friedenspolitik, Gleichberechtigung, Umweltschutz,... Bspw. 'Die Grünen'
  - => BRD weder Zuschauer- noch Beteiligungsdemokratie

Politische Kultur in Deutschland: "Pudding" im Wandel:
- **"Politische Kultur":** Begriff, *der helfen soll,* die *Qualität und Stabilität von Demokratien zu verstehen* – Allerding diffuser Begriff: Wie steht Bevölkerung zur politischen Gemeinschaft und zur Demokratie? Wie steht es um die Entscheidungskultur im Land?
- **Entwicklung der politischen Kultur in Deutschland; 3 Phasen:**
  - *Almond* und *Verba* prognostizierten eine *"Untertanenkultur" im Deutschland der 50er*
  - **(1) traditionelle politische Kultur von 1949 – 1966:** Etablierung der Demokratie und der politischen Partizipation
  - **(2) Zeit starker politischer Beteiligung und gleichzeitiger Verunsicherung: 1667 – 1982:** *"Partizipatorische Revolution"* vor dem Hintergrund der Großen Koalition. Studentenrevolten
  - **(3) Phase der "kritischen Distanziertheit seit 1983.** Zunehmende Entfremdung Bevölkerung – politische Elite (Korruptionsskandale,...); sinkende Wahlbeteiligung
- **Ost – Westspaltung der politischen Kultur:** *Starke innerdeutsche Unterschiede* in der Einstellung zur Demokratie. Bspw finden im Osten 2/3 den Sozialismus als eine an sich gute, aber "schlecht" ausgeführte Idee. Sozio-ökonomische Probleme schlagen sich in den ostdeutschen Ländern nieder.
- **Trend zur Zunahme der Heterogenität in der politischen Kultur**

3 Die Verbändedemokratie – Demokratische Teilhabe und/oder unverhältnismäßiger Einfluss?[3]

Rechtliche Grundlagen für Interessengruppen in der BRD:
- **Art. 9 GG: Vereinigungs- und Koalitionsfreiheit** (Lehre aus der NS-Zeit (Gleichschaltung); Schutz vor gefährlichen Vereinigungen im Sinne der "wehrhaften Demokratie"; Insbesonders das *Recht auf Bildung von Zusammenschlüssen* im *Bereich* der *Arbeitsbeziehungen/ der Wirtschaft* wird in Art. 9 Absatz 3 GG hervorgehoben)
- **Verein:** *Gruppe von Personen*, die sich *auf Dauer zusammenschließen*, einen *eigenen Namen* führt, sowie *durch eine Satzung einem bestimmten Zweck* dient.
Bei *(a)* <u>nichteingetragenen</u> Vereinen können die *Mitglieder des Vorstandes mit ihrem persönlichen Vermögen haftbar* gemacht werden, bei ...
...*(b) eingetragenen Vereinen* ist *dies <u>nicht</u> möglich.* Vereine wirken eher nach innen in Richtung der Mitglieder. Z.B Schachverein, Sportverein,...
- **Verband:** *Zusammenschluss von Personen* mit *gemeinsamen Zielen* (=Verein, aber:). Es wird ein *Ziel angestrebt, dass über den Kreis der Mitglieder hinausreicht.* Wirkungsrichtung ist nach außen hin. Beispielsweise ein politischer Verband hat die Beeinflussung des poltischen Prozesses zum Ziel. *Hoher Organisationsgrad* (im BGB vorgegeben: Mitgliederversammlung wählt -> **Vorstand**, dieser hat -> Verwaltungsstab/ Geschäftsführung (Max Weber). Mit Verbänden beschäftigt sich die Verbändeforschung

Die Vielfalt organisierte Interessen in Deutschland:
- Rund *600.000 Vereine in D*
- **Einteilungsmöglichkeit** in fünf verschiedene Handlungsfelder:
  - **Organisierte Interssen im Wirtschaftsbereich und der Arbeitswelt:** Tarifpartner, Gewerkschaften, Unternehmerverbände, Vereinigung der Selbstständigen; Berufsverbände
  - **Organisierte Interessen im sozialen und karitativen Bereich:** Blindenvereine, Selbsthilfegruppen, Wohlfahrtsverbände,...
  - **Org. Int. Bereich Sport, Freizeit und Erholung:** Zusammengefasst die meisten Mitglieder
  - **Org. Int. Bereich Religion, Kultur, Wissenschaft:** Kirchen und Sekten; Kirchen genießen rechtlichen Sonderstatus.
  - **Org. Int. Bereich Gesellschaft und Politk:** NGOs, 'amnesty international',...

Strategien und Adressaten der Interessenvermittlung:
Wie nehmen beispielsweise politische Verbände Einfluss auf den politischen Entscheidungsprozess (politics)? Mehrere Möglichkeiten:
- **Weg interener Beeinflussung: (a) "Lobbying":** *Verbände* treten *nicht nur* als *Bittsteller* auf, sondern *bieten auch etwas, z. B Expertise.* Dem *Staat* liegt etwas daran, *diese* bereits in den *Gesetzgebungsprozess einzubinden* (z.B. In Kommissionen), lange bevor der Gesetzesentwurf das Licht der Öffentlichkeit erreicht.
(b) Personelle Durchdringung von Parteien, Parlamenten und Regierungen -> *Aufbau von Verbindungen in Ministerien,... Informationserwerb, Beeinflussung,...* Parteien sind häufig von

---

[3]Vgl. Marschall, Das politische System Deutschlands, 2011, 62–82.

Verbänden durchdrungen: Gewerkschafter in der SPD, Wirtschaftstreibende in der CDU/CSU, Umweltschützer bei den Grünen,...

- o **Grauzonen**, die im Bereich interner Beeinflussung in den Bereich des Kriminellen übergehen: Bestechung, "Vorteilsnahme", Nötigungen, Drohungen (zB ein "going public" gegen Entscheidungsträger)
- **Wege öffentlicher Beeinflussung:**
  - o *Jeweilige Strategie hängt vom Verband und Thema ab.*
    - Welches Thema? Wer trifft die Entscheidung? Welche politische Basis hat der Entscheider? Welche Interessen?...
    - Verband: *Ungleiche Kapazitäten* und *Ressourcen innerhalb der Verbände*; **Drohpotential** (z.B. Leistungsentzug der Gesellschaft gegenüber,...) **+ Konflikt- und Organisationsgrad bestimmen** die **Durchsetzungfähigkeit** eines Verbandes und seiner Interessen
  - o **Massenmedien:** Berichterstattung und Meinungsbildung werden versucht zu beeinflussen; Internet
  - o **Gründe für Heterogenität der Verbändelandschaft: Logik des "kollektiven Handelns"** (Mancur OLSEN). Frage: Unter welchen Umständen ist es für den Einzelnen gewinnbringend sich zu engagieren? Ergebnis: Je größer die Gruppe, desto geringer die Beteiligung des Einzelnen.
  - o Zur Effektivitätssteigerung werden verschiedene Mittel zur Zielerreichung kombiniert

Tarifautonomie und (neo-)korporatistische Strukturen in Deutschland:

- *Einige Verbände* befinden sich *in priviligierten Positionen* und sind nicht immer nur auf die unverbindliche Beeinflussung der Entscheidungen anderer angewiesen. Insbesonders:
  - o **Tarifparteien mit verfassungsrechtlich garantierter Tarifautonomie.** Tarifautonomie (durch Art. 9 GG geschützt) ist das Recht der Arbeiterschaft und Arbeitgeberschaft selbstständig tarifliche Vereinbarungen zu treffen (Einkommen, Arbeitszeiten,...). Der Staat hält sich heraus; eine Zwangsschlichtung ist ausgeschlossen. Die Verfahrensregeln sind im "Tarifvertragsrecht" niedergeschrieben.
    - Ablauf Tarifverhandlungen: (1) Festlegung der Forderungen beider Seiten und Bekanntgabe dieser; (2) werden diese nicht angenommen kann es zu Warnstreiks durch die Gewerkschaften kommen; (3) Schlichtungsverfahren, meist unter Beteiligung der Politik; (4) Kampfmaßnahmen, wenn gescheitert und Weiterlaufen der Tarifgespräche währenddessen. Während der Laufzeit eines Tarifvertrages sind beide Seiten der Firedenspflicht unterworfen.
  - o **Neo- Korporatismus:** *Geregeltes Einbinden der Sozialpartner in Entscheidungsprozesse*, ohne, dass ihnen Handlungsautonomie zusteht. Im Gegensatz zum gesellschaftlichen und liberalen "Neo-Korporatismus" der BRD steht ein staatlicher Korporatismus, der Verbände zwangsweise einbindet. Ein Beispiel für den "Neo-Korporatismus" war das gemeinsame Vorgehen von Vertretern des Staates, Arbeitgebern und Arbeitnehmern in der "Konzertierten Aktion" zur Überwindung der Wirtschaftskrise in der Ära Schröder.
  - o **Kritik am Einfluss der Verbände:** *"Mitregieren", "Herrschaft der Verbände"*... sind Schlagwörter. *Idealerweise* existiert nach Ernst FRAENKEL ein *"Kräfteparallelogramm"*, das die *Durchsetzung von Einzelinteressen auf Kosten der Gesamtgesellschaft <u>unwahrscheinlich macht</u>.* Zum Problem wird der "Neo-

Korporatismus", wenn die Beteiligten Verträge zu Lasten Dritter abschließen. Weitere Kritik: Herrschaft der Verbände lähme eine effektive Reform, bspw in der Gesundheitspolitik.

Assoziative Demokratie und Zivilgesellschaft:

- **Positive Sicht der (Mit-)Herrschaft der Verbände**: alternatives oder zumindest *ergänzendes Demokratiemodell*:
  a) **"assoziative Demokratie"**: Pro mehr *"öffentliche-transpartente" Einbindung von Verbänden in den politischen Prozess* -> Netzwerkähnliche Entscheidungsstrukturen. Integration gesellschaftlich betroffener Gruppen in die einzelnen Politikfelder -> Größere Nähe der Entscheidung am Problem, höhere Unterstützung bei Umsetzung; Kritik: Ungleiche Ausgangslage gesellschaftlicher Probleme (vers. Konfliktfähigkeit und Organisationsfähigkeit unterschiedlicher Interessen,...)
  b) **Modelle der "Zivil- und Bürgerbeteiligung"**: *Gesellschaft soll mehr Kompetenzen bei der Problemerkennung und -lösung bekommen.* Setzt auf die Bereitschaft der einzelnen Bürger als Individuen, die sich einbringen sollen. "Dritter Sektor", der teilnehmen soll befindet sich zwischen Staat und Wirtschaft. Ehrenamtliches Engagement soll eine Kürzung staatlicher Sozialaufwendungen ermöglichen -> Kritik: Darf nicht zu bloßem Sparprogramm mit basisdemokratischem Anstrich verkommen.
- **Begriff "Soziales Kapital"**: Von Robert D. PUTNAM; *Sozialkapital oder soziales Kapital entwickelt sich aufgrund der Beziehungen der Bürger untereinander.* Es basiert auf der Bereitschaft einander zu vertrauen, zu kooperieren uns sich gegenseitig zu helfen. Produziert wird soziales Kapital in gesellschaftlichen Netzwerkstrukturen. Vereine und Verbände (="Assoziationen") spielen dabei eine wichtige Rolle.
- **Drei Gesellschaftliche Sektoren:**
  a) *1. Sektor: Parlamente, Regierungen, Verwaltungen, Justiz*
  b) *2. Sektor: Multinationale Konzerne, Großunternehmen, Kleine und mittlere Unternehmen*
  c) *3. Sektor: Initiativgruppen, Interessensverbände, Vereine, Vereinigungen*
    - Eine *Zwischenstellung* zwischen Erstem und Drittem Sektor nehmen die *Kirchen* ein; zw. Zweitem und Drittem Sektor die Kammern

Vereinigungen erlauben die **Bündelung und effektive Vertretung von Interessen in modernen, hochkomplex- pluralistischen Gesellschaften wie der BRD.** Sie können die Beteiligung der Bürger am poltischen Prozess erweitern und einen bedeutsamen demokratischen Beitrag leisten. Eine *"Verbändedemokratie"* hat *aber* mit *Legitmationsproblemen* zu kämpfen, da nicht alle Bürger gleichermaßen partizipieren. Parlamente agieren häufig als Vermittlungsinstanzen zwischen Verbänden.

4 Die Mediendemokratie – Politics go media?[4]

Das bundesdeutsche Mediensystem – rechtliche Grundlagen:

- Erwähung in **Art. 5 GG** -> bedurfte allerdings einer detaillierten rechtlichen Ausformulierung.
  - Art. 5 GG (1) »Jeder hat das Recht, seine Meinung in Wort, Schrift und Bild frei zu äußern und zu verbreiten und sich aus allgemein zugänglichen Quellen ungehindert zu unterrichten. Die Pressefreiheit und die Freiheit der Berichterstattung durch Rundfunk und Film werden gewährleistet. Eine Zensur findet nicht statt.« (2) »Diese Rechte finden ihre Schranken in den Vorschriften der allgemeinen Gesetze, den gesetzlichen Bestimmungen zum Schutze der Jugend und in dem Recht der persönlichen Ehre. [...]«

=> Das Wirken der Medien steht unter besonderem Schutz ->

- **BVerfG** (Bundesverfassungsgericht in Karlsruhe) *betonte* in seinen Urteilen bezüglich der Medien immer, dass es ohne *freie Berichterstattung* die Demokratie ein Defizit habe. Bsp *"Spiegel-Urteil" 1966*
- **Medienpolitk, Presse- und Rundfunkrecht** sind **Kompetenzen der Länder**; aber:
- **"Rundfunkstaatsvertrag":** *Bundeseinheitliche Richtlinien* in Staatsverträge der Länder festgelegt (Aufbau, Funktion von Rundfunkanstalten,...)
  - *Pressebereich* ist *nach privatwirtschaftlichen Prinzipien aufgebaut*; Im Rundfunk ->

- **"Duale Struktur" im Rundfunkrecht:** *Nebeneinander* von *öffentlich-rechtlichen* und *privaten Anbietern.*
- **Offentlich – rechtliche Anbieter; Kennzeichen:**
  - *'Binnenpluralistische' Organisation:* In Aufsichtsgremien sitzen Vertreter verschiedenster gesellschaftlicher Interessensgruppen
  - *Finanzieren sich aus Gebühren* und nur geringfügig aus Werbeinnahmen
  - *Programm soll der Grundversorgung der Bevölkerung* dienen + ausgewogene Programmgestaltung -> Ziel: Hohe Einschaltquoten, aber auch Minderheitenangebote
- Frage nach der Existenzberechtigung öffentlich-rechtlicher Anbieter. Bis 1970er gab es nur wenige Frequenzen, heute Kanalvermehrung (Eine Frequenz trägt mehrere Sender). Hauptargument pro: Grundversorgung
- **Parteieinflüsse in Rundfunkräten.** Wichtige Postenbesetzungen (Indentanten und Chefredakteure sind ein 'Politikum')

Der bundesdeutsche Medienmarkt – Angebot und Nachfrage:

- **Angebot:**
  - *Presse:* Vielfältige Landschaft (880 Publikumszeitschrifen, 1000 Fachzeitschriften und 1380 Anzeigenblätter); "Parteipresse" kaum noch Bedeutung (Medienbeteiligung der SPD);
  - *Duales Rundfunksystem:* Private und öffentliche-rechtliche Sender -> Probleme schwarze Zahlen zu schreiben
  - *Online:* Sprunghaft wachsendes Online-Angebot (1995 ca. 100.000 Webseiten registriert; 2010 über 20 Milliarden.) -> immer besser werdende Datenübertragung
  - *Dominanz großer Medienkonzerne*; Konzentration *aber* durch *kartellrechtliche Auflagen*

---

[4]Vgl. Marschall, Das politische System Deutschlands, 2011, 83–105.

begrenzt; Konzerne sind aber auch untereinander über Beteiligungen verflochten, so dass die Eigentumsstruktur schwer überschaubar ist (Springer, WAZ, DuMont,ddvg,...).

- **Nachfrage (Angebot lebt von Nachfrage):**
  - ○ Was wird von den Bürgern überhaupt wahrgenommen? Wie weit streuen Angebote? Welche Auflagen haben Zeitungen? Welche Medienprodukte werden konsumiert? Etc.
    - *Gesamtauflage Zeitungen 22,7 Millionen pro Tag*; Marktführer ist die Bild-Zeitung; -> Zeitungsauflagen rückläufig
    - *Verbreitungsgrad Rundfung: Fast 100%* Versorgung dt. Haushalte; 95% Sat oder Kabel.
      - *Starke Nutzung von Rundfunk und Fernsehen.* Insgesamt ca. 10 Stunden Medienkonsum täglich.
    - *Online-Nutzung: knapp 70% der über 14- Jährigen* sind zumindest gelegentlich online. -> Verdrängung 'alter' Medien durch Internet nicht nachweisbar.
    - *Nebeneinander von 'alten' und 'neuen' Medien.*

Politik in der Mediengesellschaft:
- 'Mediengesellschaft' als Bezeichnung der BRD, da der Medienkonsum so einen breiten Raum im Leben der Bürger einnimmt.
- **Merkmale einer Mediengesellschaft:**
  - ○ *Quantitative und qualitative Ausbreitung der Medien*
  - ○ *Ausbildung 'neuer' Medien /bzw. Medienformen neben den 'alten'*
  - ○ *Vermittlungsleistung und -geschwindigkeit hat zugenommen*
  - ○ *"Medialisierung" oder "Mediatisierung"*: Immer feinere und engmaschigere Durchdringung der Gesellschaft, Organisationen und Institutionen durch die Medien
  - ○ *Medien erlangen aufgrund der hohen Nutzung und Aufmerksamkeit einen hohen Stellenwert in der Gesamtgesellschaft.* Bspw erfahren Organisationsmitglieder wichtige Personalentscheidungen oft zuerst aus den Medien
- => *Hoher Einfluss auf die Politik*

- **"Mediatisierung" der Politk** kann sich in verschiedenen Bereichen niederschlagen:
  - ○ *Politische Meinungsbildung der Bürger*
    - *Medien als "Brücken in die Welt der Politik"* (KLINGEMANN/VOLTMER); "Was wir über unsere Gesellschaft, ja unsere Welt wissen, das wissen wir durch die Massenmedien" (LUHMANN) -> gilt auch für die Politik; Auswahl bei der Berichterstattung (nach bestimmten Auswahlkriterien getroffen); Frage: Wie beeinflussen Medien das Wahl- oder Nichtwahlverhalten? (Wechsel der Parteipräferenzen oder Verstärkung dieser); Medien Beeinflussen Themensetzung und Deutungsrahmen ("framing") die Stimmung und damit die Meinungsbildung
    - *"Video- Malaise"- These:* Menschen, die sich über Politik vorwiegend aus dem Fernsehen informieren, entwickeln eher das Gefühl der politischen Entfremdung und Einflusslosigkeit
  - ○ **Struktur politischer Organisationen,** sowie in der Zusammensetzung der politischen Elite
    - *Professionalisierung* des *Kommunikationsmanagements*
    - Wer *Mitglied der poltischen Elite, bzw. wer überhaupt dazu wird kann seine Ursachen in den Medien haben*

- o **im politischen Prozess:**
    - Öffentliche Aufmerksamkeit bewirkt Handlungsdruck
    - großer Einfluss auf die Abschnitte Problemartikulation, Problemdefinition und Politikdefinition im politischen Prozess; weniger großer Einfluss auf Programmentwicklung, Implementation des Programmes und dessen Evaluation.
- o **Wahlkampf**
    - Zentrales Feld der Medien; *Hochzeit der Beziehung zwischen Medien und Politik*; Selbstdarstellung der Partei und Kandidaten, Unterstützungskampagnen, "negative campaigning"...
    - "TV-Duell"
    - Frage: Positive Wirkung für die Parteien druch Medienpräsenz? Das ist fraglich; Eindeutige Gewinner sind die Medien und die Werbeagenturen, die in ihrer Bedeutung eine Aufwertung erfahren
- **Medien als "politische Akteure":**
  - o Wann wird etwas "berichtenswert"?
    - Nachrichtenwerte nach Galtung und Ruge
    - 1. Frequenz: Das Ereignis lässt sich von seinem zeitlichen Ablauf her gut darstellen.
    - 2. Aufmerksamkeitsschwelle: Das Ereignis ist so intensiv, dass es Beachtung findet.
    - 3. Eindeutigkeit: Das Ereignis ist überschaubar und leicht verständlich.
    - 4. Bedeutsamkeit: Das Ereignis ist für das Publikum relevant.
    - 5. Konsonanz: Das Ereignis entspricht den Erwartungen des Publikums.
    - 6. Überraschung: Das Ereignis ist unvorhersehbar gewesen und/oder vergleichsweise selten.
    - 7. Kontinuität: Über die Ereignisfolge ist bereits berichtet worden.
    - 8. Komposition: Das Ereignis passt ins gesamte Nachrichtenbild.
    - 9. Bezug zu Elite-Nationen: Das Ereignis bezieht sich auf »wichtige« Nationen.
    - 10. Bezug zu Elite-Personen: Das Ereignis bezieht sich auf »wichtige« Personen.
    - 11. Personalisierung: Das Ereignis lässt sich mit Personen verbinden.
    - 12. Negativität: Das Ereignis hat negative Ursachen/Folgen.
  - o Redaktionelle Leitlinien spielen daneben noch eine Rolle
- **Herrschaft der Medien?**
  - o *"Mediokratie"* (T. MEYER): Wenn Journalisten also politische Akteure sind, "herrschen" sie dann? Meyer behauptet auch eine Durchdringung der Politik durch die Funktionslogik der Medien.
  - o *"Schweigespirale"* (E. NOELLE-NEUMANN): *Einheitliche Medienberichterstattung* habe *die Macht aus einer Minderheitenmeinung eine Mehrheitsmeinung* zu machen.
  - o <u>Kritik</u> an der These der übermächtigen "Mediokratie":
    - *Wechselseitige Abhängigkeit* mit der Politik
    - *Heterogenität* der Medien
    - *Politik im Schatten der Medien*: Der immer noch größte Teil der Politik findet jenseits der medialen Berichterstattung statt.
    - => *Deutschland* ist <u>*keine*</u> *"Mediokratie"*: Durch die Verflechtung Politik – Medien kommt es aber zu einer Mediatisierung.

5 Die Parteiendemokratie – Von Schildkröten, Kraken oder Dinosauriern[5]

Rechtliche Grundlagen des dt. Parteienstaates:

- *Spielen in demokratischen* und auch *nicht-demokratischen Systemen eine Rolle*
- *Meist gesellschaftliche Organisationen, die in den staatlichen Bereich hineinragen* und keine Verfassungsorgane
  - **In der BRD im GG erwähnt** (selten in Verfassungen anderer Länder erwähnt):

Art. 21 GG:

  - *Parteien wirken* bei der *Willensbildung des Volkes mit*; *Müssen öffentlich* über ihr *Vermögen und dessen Herkunft Rechenschaft ablegen*
  - *Parteien*, die die *demokratische Grundordnung* zu <u>*beeinträchtigen*</u> gefährden, sind *verfassungswidrig*; das Nähere regeln Bundesgesetze.
    - <u>**Verbot**</u> **verfassungs**<u>**widriger**</u> **Parteien möglich** – allerdings nur durch das **BVerfG**
      - *Beantragung* eines *Verbotsverfahrens* berechtigt sind: *Bundestag, Bundesrat, Bundesregierung*; Falls die Partei nur auf Länderebene agiert, sind die *jew. Landesregierungen* ebenfalls antragsberechtigt (gem. § 43 Abs. 1 u. 2 BverfGG)
      - *"Opportunitätsprinzip"*: Keine Verbotsantragspflicht der Antragsberechtigten, müssen diesen Weg nur 'opportun', also wenn er ihnen dienlich ist, beschreiten
      - *Parteiverbot = erheblicher Eingriff in* die *parlamentarische* und freiheitliche *Demokratie* -> Einschränkung der Wahl- und Beteiligungsmöglichkeiten der Bürger.
      - *Bei Verbot durch Karlsruhe* -> Verlust der Mandate; Parteivermögen einziehbar; Gründung einer Ersatzorganisation ist verboten
      - *Bis dato 4 Verfahren* -> 2 Verbote; Z.B. 1952 Verbot der SRP (Sozialistische Reichspartei), einer Nachfolgeorganisation der NSDAP; 1956 Verbot der KPD;
- Das **Parteiengesetz von 1967: Aufgaben von Parteien** (basierend auf G. LEIBHOLZ' "Parteienstaatstheorie"):
  - *Parteienstaatstheorie von Gerhard Leibholz:* »Die Gegenüberstellung von Volk und Partei ist irreführend, weil es das Volk in dem zur politischen Wirklichkeit gewordenen massendemokratischen Parteienstaat liberaler Prägung überhaupt nicht gibt. Denn es sind gerade die Parteien, die in dieser Form der Demokratie erst das Volk aktivieren und handlungsfähig machen. Die Parteien sind das Sprachrohr, deren sich das organisierte Volk bedient, um sich artikuliert äu ßern und Entscheidungen fällen zu können. Ohne die Zwischenschaltung der Parteien würde das Volk nicht in der Lage sein, irgendeinen politischen Einfluß auf das staatliche Geschehen auszuüben und sich so selber zu verwirklichen.«
  - Parteien *wirken bei* der *Willensbildung des Volkes mit*
  - *Politische Bildung* anregen
  - *Beteiligung des Bürgers am politischen Leben fördern*
  - zur *Übernahme öffentlicher Ämter befähigte Bürger heranbilden*
  - *an Wahlen teilnehmen*
  - *Parlament* und *Regierungsarbeit*
  - ihre *politischen Ziele in die staatliche Willensbildung einbringen*
  - *Sorge* um eine *lebendige und ständige Verbindung zwischen Volk und Staatsorganen*

---

[5]Vgl. Marschall, Das politische System Deutschlands, 2011, 106–129.

- -> **Parteien als "Sprachrohre der Gesellschaft"**
- Parteien "ein verfassungsrechtlich notwendiger Bestandteil der freiheitlichen demokratischen Grundordnung" (§ 1 Abs.1 PartG)
- *Parteien* haben *gewisse Vorrechte gegenüber anderen Organisationformen* (Finanzierung,...)

Parteiaufbau. (Quelle: Marschall, Das politische System Deutschlands, 2011, 113; dieser
- *Wie lassen sich Parteien von anderen Organisationsformen abgrenzen?*
- *Beteiligung an Wahlen* (Grundvoraussetzung für die Einstufung als Partei

- **Aufbau einer Partei:** *Grundstruktur im Parteiengesetz* vorgeschrieben, an der sich die Binnensturktur einer Partei orientieren muss.
  - *Delegations- und Willenskette von unten*, der Mitgliedschaft, nach oben zur Führung
  - *Parteimitglieder sind frei in ihrer Meinungsäußerung* und *rechtlich gleichgestellt.*
  - **Parteienfinanzierung:** *(a) staatliche* und gleichzeitig *(b) private Finanzierung*
    - Geregelt im *PartG*, das immer wieder verändert wurde, gerade in Hinsicht auf die Finanzierung
    - Für die ersten 4 Millionen Stimmen bei einer Wahl ab Landesebene erhalten die Parteien 0,85€ und für jede weitere 0,70€. Für jeden Euro aus privaten Beiträgen und Spenden schießt der Staat noch zusätzlich 0,38€ zu. Ab einem bestimmten Punkt sind Privatspenden steuerlich absetzbar. Es gibt eine Obergrenze, die nicht überschritten werden darf in Sachen Parteienfinanzierung (2002: 133 Mio.). In den Genuss staatlicher Finanzzuschüsse kommt eine Partei, wenn sie bei Bundeswahlen 0,5% der Wähler und bei Landtagswahlen 1% der Stimmen erreichen.
    - *Kritik an der Parteienfinanzierung:* Generalvorwurf der Selbstbedienung; Fragen der Buchführung...

Parteiensystem im Wandel:

- **Herausbildung von Parteien:**
  - *Kontinuität und Neugründungen*:
    - In den ersten Jahren der BRD über zehn Parteien im Parlament, allerdings bereits Schwergewicht bei CDU/CSU, SPD und FDP
    - *50er Jahre* -> *Konzentration* auf ein Zweieinhalbparteiensystem
    - *80er Jahre* -> *Die Grünen* verändern das Parteiensystem (als Teil der NSB)
    - *90er Jahre* -> *Wandel im Zuge der deutschen Einheit*; Stärkung bzw. Bildung von "DIE LINKE" (2007)
  - **"cleavage" – Theorie** (LIPSET, ROKKAN): *Parteiensystem* wird *entlang* der dominanten *gesellschaftlichen Konfliktlinien bestimmt* ("cleavage" = Spaltung) -> Etablierung neuer Parteien bedeutet also einen Wandel der Konfliktstrukturen
  - **Wertewandel:** In den **50ern** stand noch die *Frage nach* der *Religion oder Gegensatz Stadt – Land* im Vordergrund;
In den *80ern* und *90ern* stand eher die *Unterscheidung "materialistisch" – "postmaterialistisch"* im Vordergrund.
    - **Üblicherweise Aufteilung der Parteien in zwei Dimensionen:**
      - (1) *Gegensatz* **Liberalität – Autorität**; und
      - (2) *Gegensatz* **sozialer Ausgleich – Marktfreiheit**

- **Wandel der Parteiorganisation:**
  - **3 Typen von Parteien:**
    - **Massenparteien**: Zeitalter der Massenparteien *vom I. WK bis etwa in die 50er Jahre*; Klassenkonflikte; ideologische Gegensätze
    - **Volksparteien**: Ende der *50er bis Ende der 70er Jahre*; "Volksparteien" ist ein Label, das Parteien auch heute noch verwenden -> Anspruch die gesamte Bevölkerung zu repräsentieren
    - **professionelle Wählerparteien**: Modernster Typ, *seit Ende der 70er*; Entstehung korreliert mit der Entstehung neuer Milieus und einer politischen Klasse (von Beyme); *Ziel: "vote seeking"* -> Stimmenmaximierung bei Wahlen; "professionelle Medienkommunikationspartei", "professionelle Rahmenpartei",... sind Schlagworte
  - Ende der Volksparteien? Wird als Leitbild dt. Parteien weiter hochgehalten. Geringe Funktion der Basis in den professionalisierten Parteien stellt dies in Frage.
  - **Lose verkoppelte Anarchien** (P. LÖSCHE): *Parteien als Konglomerate von Teileinheiten. Parteimanagement* bedeutet daher auch immer *unterschiedliche Gruppen innerparteilich zusammenzuhalten und zusammenzuführen.*

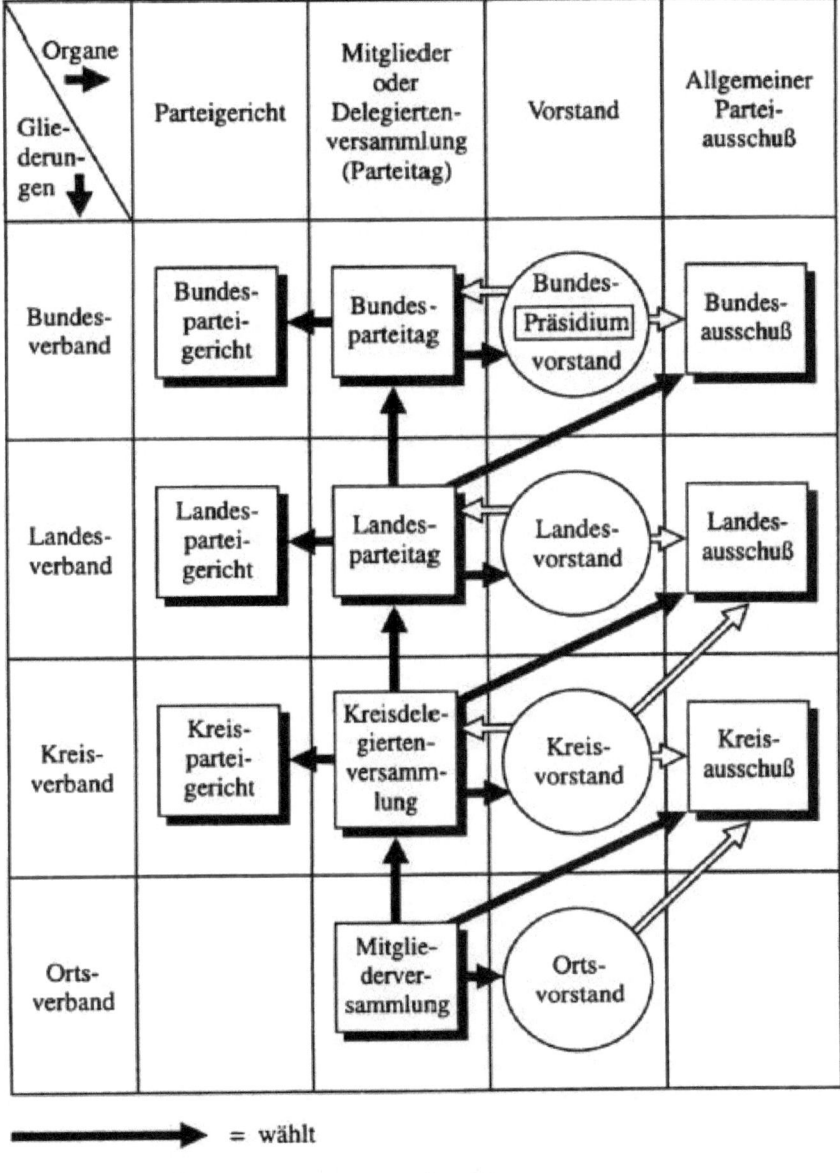

= wählt

= entsendet ex-officio-Vertreter

- *Wie lassen sich Parteien von anderen Organisationsformen abgrenzen?*
- *Beteiligung an Wahlen* (Grundvoraussetzung für die Einstufung als Partei

Parteiorgane und ihre Wahl. *(Quelle: Rudzio W.: Das politische System der Bundesrepublik Deutschland, Wiesbaden: Springer VS ⁹2015, 144.)*

Parteienkritik und Parteienverdrossenheit:
- **Kritik:** *Mächtige Parteien, abgekoppelt von der Basis:*
  - *(a) überdehnt:* Expansive Rolle der Parteien im politischen Prozess und anderen gesellschaftlichen Handlungsfeldern
  - *(b) abgekoppelt:* Verlust der Verankerung der Parteien in der Bevölkerung -> "Staatsparteien"
  - => Als Summe beider Faktoren wird die Kritik besonders drastisch, denn es handelt sich um Machtausdehnung bei gleichzeitigem Verlust der gesellschaftlichen Erdung -> *Missverhältnis Privilegien – Legitimation*
  - **"Kartellparteien"** (R. KATZ, P. MAIR): **Ziel einer Partei** sei es sich *politische Ämter und Mandate zu verschaffen* ("office seeking"). Dafür verbinden sich Parteien mit den übrigen etablierten Parteien und gemeinsam schotten sie ihr System gegenüber aufkommenden Kräften ab -> Kartellbildung = Missbrauch ihrer eigenen Stellung als Partei.
  - *Ausweitung der Parteienkritik auf die politische Klasse: "Staat als Beute"* (H. V. ARNIM), die ausgeschlachtet wird.
  - *Kritik* an *innerparteilichem Fehlen von Demokratie*
  - **"Ehernes Gesetz der Oligarchie"** (R. MICHELS): *Abkoppelung der Führungsschicht von der Basis.* Verfolgung eigener Ziele. Dieser Vorgang, dieser Verfall sei ehern, also nicht zu vermeiden in mitgliederstarken Organisationen.
  - **Parteiverdrossenheit: Hinweise:**
    - *rückläufige Mitgliederzahlen*
    - *sinkender Stammwähleranteil*
    - *abnehmender Konzentrationsgrad* bei Bundes- und Landtagswahlen (Klein- und Kleinstparteien können merklich viele Stimmen auf sich vereinen)
    - Vertrauensverlust in die Parteien.
    - *Sinkendes Engagement* der *Parteimitglieder* (nur mehr rund ein Viertel ist als 'engagiert' einstufbar)

Reform und Zukunf der Parteien:
- *Öffnung für neue Mitgliedschaftsformen* (zB nimmt der Wunsch nach längerfristigen Bindungen bei Jüngeren ab): Schnuppermitgliedschaften, Mitgliedschaften auf Zeit,...
- *Einsatz neuer Formen der Kommunikation:* Internet,...
- *Innerparteiliche Demokratisierung*: Steigerung der Motivation Parteimitglied zu sein.
- *Parteien leiden unter genereller Bindungsunwilligkeit*
- *"Demokratierung" der Parteiendemokratie:* Elemente direkter Demokratie, nicht nur parteiinterne Demokratisierung,...

Parteien werden aber auch zukünftig im politischen System der BRD eine zentrale Rolle spielen.
Frage europaweiter Parteien.

6 Die parlamentarische Demokratie – Der Bundestag im (nur?) formalen Zentrum[6]

Organisation und Aufbau des Bundestages:
- **Grundlegendes zum Parlament** ist im GG Art. 38 – 49 behandelt: Wahlverfahren, Wahlperiode, Stellung der Abgeordneten;
  - Genannt werden weiters: Amt des Bundestagspräsidenten, die Untersuchungsausschüsse, die Ausschüsse für Auswärtiges und Verteidigung, der EU- sowie der Petitionsausschuss
  - Zu Arbeitsweise und Organisation des Bundestages äußert sich das GG <u>kaum</u>
- **Geschäftsordnungsautonomie (Art. 40 GG):** Recht des Bundestages (ohne Zustimmung von BReg oder Bundespräsident), sich eine organisatorische Satzung zu geben (am Anfang einer Legislaturperiode, wobei meist auf die Vorgänderfassung des letzten Bundestages zurückgegriffen wird);
  - Neben der Geschäftsordung gibt es noch eine Reihe von ungeschriebenen Gesetzen, die die Struktur und Arbeitsweise des Parlaments reglementieren
- **Arbeitsablauf des Bundestages** auf unterschiedlichen Ebenen: 3 grundlegende Arbeitsplattformen:
  - **(1) Vollversammlung der Abgeordneten:**
    - *Rund* **600 gewählte Abgeordnete**; trifft Entscheidungen; Plenararbeit oft im Zentrum öffentlicher Aufmerksamkeit;
    - **Bundestagspräsident** an der Spitze (vom Plenum gewählt, Brauch ist, dass die stärkste Fraktion den BtP stellt) -> vertritt das Parlament nach außen, hat das Hausrecht, sowie Befugnis polizeiliche Gewalt in den Parlamentsgebäuden anzuordnen; sitzt Plenarversammlung vor und darf, wenn er nicht gerade sitzungsleitend ist mitabstimmen
    - **Bundestagsverwaltung**: Der Bundestag wird von einer 2.800-köpfigen Behörde unterstützt, geleitet vom "Direktor beim Deutschen Bundestag" (von Fahrdiensten bis wissenschaftliche Fachdienste)
  - **(2) Zusammenschlüsse von Parlamentariern:** Eine Ebene tiefer -> Bundestag ist eine vielgestalte Organisation, in der sich Abgeordnete in mehr oder weniger großen, teils überlappenden Gruppen zusammenschließen. Solche sind:
    - **Ausschüsse:** *Sachpolitische Zusammenschlüsse* von MdBs. Das *Ausschusswesen* dient der *Vorbereitung der Plenararbeit*; meist nach Politikfeldern aufgeteilt (im 17. Dt. Bt waren es 22: z.B. *Haushaltsausschuss, Geschäftsordnungsausschuss* (Fragen des Parlamentsrechts), *Petitionsausschuss; Ältestenausschuss* – ständiges Leitungsgremium, dessen 29 Mitgliederüber das Sitzungsprogramm der Vollversammlung beraten und beschließen); Untersuchungsausschüsse (nach Art. 44 GG) als Kontrollorgan
    - **Fraktionen:** *parteipolitische Formation*; wichtigste Einheiten im modernen Parlamentarismus (modernes Parlament = 'Fraktionen- oder Gruppenparlament'); Bei mind. *5% aller MdB haben das Recht eine Fraktion zu bilden*, Näheres regelt die Geschäftsordnung.

---

[6]Vgl. Marschall, Das politische System Deutschlands, 2011, 130–153.

"Fraktionsrechte": *Zahlreiche Rechte im Gesetzgebungsprozess*, bei der *Kontrolle* der Regierung *oder* den *parlamentsinternen Abläufen* sind in Wirklichkeit zu "Fraktionsrechten" geworden, oder zu Rechten von "fraktionsstarken" Zusammenschlüssen von Parlamentariern, die aus unterschiedlichen parteipolitischen Ecken kommen können (Gesetzesinitiativrecht; Antragsrechte auf Aktuelle Stunde, Kleine oder Große Anfragen, namentliche Abstimmung, Vertagung von Sitzungen; Zitierrecht; Recht auf Bennenung von Mitgliedern für Ausschüsse und Kommisionen; Recht auf Anrufung des Vermittlungsausschusses)

Fraktionen als teilautonome Organisationen: Haben eine *Leitungsspitze/ Management*; Einteilung in Arbeitsgruppen oder -kreise. Vorsitzende und die parlamentarischen Geschäftsführer der Fraktionen gehören zu den zentralen Figuren im Bundestag und mit zu den wichtigsten Akteuren des gesamten Regierungssystems

- (3) **Individuelle Mitglieder des Bundestages (MdBs):** Genießen *Immunität* und Indemnität (können auch später für ihre Außerungen und ihre Abstimmungen im Parlament nicht belangt werden). *Freies Mandat* (nicht weisungsgebunden und nur ihrem Gewissen unterworfen... Art. 38 GG);

Rechte von MdBs: *Stimm- und Rederecht*, Informations- und Fragerecht, *Recht zur Abgabe von Erklärungen,* Recht zur *Teilnahme an Ausschusssitzungen*, Recht zur *Einbringung von Gesetzesänderungsanträgen in der 2. Lesung.*

MdBs *repräsentieren <u>nicht</u>* den *Bevölkerungsdurchschnitt* (Bildung, Alter, Verhätltnis Männer – Frauen,... älter und formal höher gebildet als der Durchschnitt); Berufspolitiker

- **Deutsches Parlament** ist ein **Parlament mit nur einer Kammer**: Die Bezeichnung des Bundesrates als "Zweite Kammer" ist staatsrechtlich nicht korrekt, denn die Vertretung der Länder auf Bundesebene ist ein eigenständiges und unabhängiges Staatsorgan
- **Gruppenparlament oder Individualparlament?**
  - *Fraktionsdisziplin <u>konterkariert</u>* die *individuelle Freiheit des einzelnen MdB* (könnten sich zwar immer individuell entscheiden, würden aber aus dem Rahmen der Fraktion fallen können und viele Rechte einbüßen,... können Mandat aber nicht verlieren)
  - <u>*Sanktionen*</u> *durch* die *Fraktionen* bei einem Aus-der-Reihe-Tanzen: *Ermahnung, Entzug von Ausschusspositionen, Auschluss* aus der Fraktion (-> "wilder Abgeordneter"), nicht mehr bei der nächsten Wahl aufgestellt werden,...
  - Fraktionszugehörigkeit kann Einflussmöglichkeiten eines MdBs erheblich erweitern
  - *Effiziente arbeitsteilige Willensbildung in* den *Fraktionen* ist in komplexen Gesellschaften *notwendig und effizient*, da sich der Einzelne nicht in alles einarbeiten kann.
  - *Bei ethischen Fragen* (Abtreibung, Sterbehilfe,...) kann es sein, dass der *einzelne Abgeordnete für die Abstimmung 'freigestellt' wird* ("Parlamentarische Sternstunde" -> Aber ein reines "Sternstudenparlament" wäre nicht arbeitsfähig.

Arbeitsweise des Parlaments:
- Andere Arbeitsweise als alle anderen politischen Organisationen wie Regierungen, Parteien und Verwaltungen.

Kennzeichen: Öffentliche *Debatte*; *Schutz von Minderheitenrechten* bei gleichzeitigem *Mehrheitsprinzip.*
- Zwischen **Rede- und Arbeitsparlament:**
  - **Bundestag** verhandelt öffentlich (Art. 42 GG): Parlament ist *Ort* der *öffentlichen*

Aussprache und *gesellschaftlichen Auseinandersetzung* im Rahmen der Plenarversammlung. Die Abgeordneten im Sitzungssaal des Reichstagsgebäudes können, sollen und wollen beobachtet werden, durch Zuschauer, aber vor allem von Journalisten und über *Medien*, die Ton und Bild der *Debatten aufzeichnen oder live* übertragen.

Unterscheidung in Rede- und Arbeitsparlament (vgl. WEBER, hier W. STEFFANI:)

- o **(a) Redeparlament:** Anspruch wichtigsten Forum für die öffentliche Meinung zu sein. Plenum ist die entscheidende Arena
- o **(b) Arbeitsparlament:** Haben "Carakter einer betont politisch interessierten Spezialbürokratie"; *Hauptteil der Arbeit* findet *in Spezialausschüssen* statt.
- o Plenardebatte als öffentliche Begründung vorher gefällter Entscheidungen; allenfalls versucht sich die Opposition politisch zu profilieren
- o **Ausschüsse bereiten** die **Plenarentscheidungen vor**
- **Regierungsmehrheit vs. Opposition:**
  - o **Entscheidungen durch Mehrheitsfraktionen gefällt**; Nur in **Sonderfällen**, wie der Wahl des Kanzlers, bei Vertrauensfragen oder dem Misstrauensvotum ist eine *Kanzlermehrheit notwendig;*

Bei *Verfassungsänderungen ist eine 2/3 Mehrheit erforderlich.*

  - o **Funktionale Gewaltenteilung zwischen Regierung und Opposition:** Gemeint sind i.e.L. *Kontrollrechte der Opposition.* Was ist allerdings, wenn die Opposition kleiner als **1/3 der Abgeordneten im Bundestag** ist ("Kleine Opposition")? Dann ist eine **Normenkontrollklage**, ein wichtiges Kontrollrecht, beim Bundesverfassungsgericht nicht möglich.

Funktion und Aufgaben des Bundestages: vier klassische Parlamentsfunktionen
- **(1) Wahl-/Abwahlfunktion:**
  - o **Bundeskanzlerwahl**: 3 Stufen:

I. Stufe; wenn nicht gewählt ->	Bundespräsident schlägt Kandidaten vor	Bundestag wählt mit absoluter Mehrheit	BP muss Gewählten zum Bundeskanzler ernennen
II. Stufe; wenn nicht ->	Kandidatenvorschlag auch aus der Mitte des Bundestages möglich	Bundestag wählt mit absoluter Mehrheit	BP muss ernennen
III. Stufe	Kandidatenvorschlag auch aus der Mitte des Bundestages möglich	Bundestag wählt mit einfacher Mehrheit	(a) BP kann ernennen oder (b) Auflösung des Bundestages

(Quelle: Eigene Darstellung; Vgl. Marschall, 2011, 144)

- o Bundeskanzler kann des Amtes enthoben werden. (a) durch das Parlament ("konstruktives Misstrauensvotum nach Art. 67 GG); (b) bei Verfassungsbruch.

- **(2) Gesetzgebungsfunktion: "Wesentlichkeitstheorie"** (nach dem BVerfG) = *Bundestag ist dasjenige Organ, das grundlegende und wesentliche Entscheidungen treffen muss.*
  - **Ablauf der Gesetzgebung:** Mehrstufiges Verfahren: *Drei Lesungen im Plenum* -> *Zwischen* den *Plenarlesungen* befassen sich die *Fachausschüsse* mit der Gesetzeslage -> Bei der **2. Plenarsitzung** können *einzelne Abgeordnete Änderungsanträge einbringen*, über die die Vollversammlung abstimmt. -> In der **3.** Lesung *dürfen Änderungsanträge nur mehr* von *Fraktionen eingespeist werden* (dürfen sich aber auch nur auf Änderungen der 2. Lesung beziehen) -> **Entscheidung im Bundestag**
  - **Recht Gesetze einzubringen ('Initiativrecht')** haben **BReg, Bundesrat** und **Bundestag**. Die meisten Gesetze bringt die BReg (rund 80%) ein.
  - Ein beachtlicher Teil der Gesetze wird mit Zustimmung aller Frationen verabschiedet.

- **(3) Kontrollfunktionen: Kontrolle der Regierungsarbeit.** Kontrolle durch:
  - *Fachausschüsse*
  - *Klage* beim *BVerfG* = Normenkontroll- oder Organstreitverfahren -> Kontrolle durch die obersten Richter
  - *Bundesrechnungshof*: Parlamentarische Kontrolle bei den Haushaltsaufgaben. Jährlicher Bericht über die Solidität der Mittelverwendung durch die Bundesbehörden
  - *Untersuchungsausschüsse* als schärfstes Kontrollmittel: Vernehmen Zeugen und können Beweise erheben lassen; Ziel: Klärung von Sachverhalten und Aufdeckung von Missständen. Ihre Arbeit spiegelt zumeist die Auseinandersetzung zwischen BReg und Opposition mit teils mehreren Berichten aus der Sicht der Fraktionen. Rehtliche Basis ist Art. 44 GG; Antrag durch 25% der Bundestagsmitglieder
  - *Interpellative Verfahren* im Bundestag:
    - *Große Anfragen:* Von Fraktion oder fraktionsstarkem Zusammenschluss schriftlich eingebracht. Verpflichtende Beantwortung der Fragen im Plenum durch die BReg
    - *Kleine Anfragen:* 5% der MdBs als Voraussetzung; Frage und Antwort sind schriftlich
    - *Fragerecht* des einzelnen MdB: Kurze Einzelfragen an BReg
    - *Aktuelle Stunde*: Klärung von Themen von aktuellem Interesse oder anderem

- **(4) Kommunikationsfunktion:**
  - Bundestag hat, als Volksvertretung die Aufgabe zwischen der staatlichen Seite und den Bürgern zu vermitteln.
  - **Zentrale Aufgabe von Parlamenten** ist es die **Interessen der Bürger wahrzunehmen und ins Parlament zu bringen.** ->
  - *Petitionsverfahren:* Bringt die Anliegen der Bürger ins Parlament; jeder hat das Recht dazu (Art. 17 GG)
  - *Sprachrohrfunktion* des Parlaments: Veröffentlichung von Dingen durch das Parlament

Entparlamentarisierung?
- <u>Kritik</u> an der **Entmachtung des Bundestages**: Bundestag nur "Stempelkissen" von Entscheidungen, die anderorts gefällt wurden. <u>**Einschränkungen**</u> durch:
  - *Übermacht* der *Verbände*
  - *Dominanz* der *BReg* in der Gesetzesinitiative
  - *BVerfG in seiner Rechtssprechung*

- ○ *Europäisierung* und *Globalisierung* -> Entparlamentarisierung (Frage demokratischer Legitimation)
- **Aber: Bundestag** ist **kein** bloßes **"Stempelkissen"**, da eine intensive Beratung und Veränderungen von Gesetzen im Bundestag stattfinden.
- **Parlament** bzw. **MdBs sind an der vorparlamentarischen Entscheidungsfindung beteiligt** und eingebunden
- **Verbundenheit der BReg mit den Parteien**
- *Macht des Parlaments in unterschiedlichen Politikfeldern unterschiedlich groß*
- **Gegenmittel Parlamentsreformen**

7 Die Kanzlerdemokratie – Regierungschef, Minister und Verwaltung[7]

Die "parlamentarische Regierung":
- **Verschränkung** von **"Legislative"** und **"Exekutive"**. Die BReg ist mit dem Bundestag eng verzahnt und bleibt es auch im Laufe der Legislaturperiode
- **Personelle Verflechtungen:**
  - ○ *Bundeskanzler von* der *absoluten Mehrheit der Volksvertreter gewählt.* Muss <u>nicht</u> *zwangsweise MdB* sein, ist es aber in der Regel
  - ○ Minister -> MdB aus der Mitte des Parlaments, muss aber nicht MdB sein.
  - ○ => "Kompatibilität" in der parlamentarischen Demokratie von Mandat und Ministerialposten
- **Vorschläge für Ministerposten** macht der **Bundeskanzler** -> *Muss aber die parlamentarische Basis zufriedenstellen.*
- **Parlamentarische Staatssekretäre**: Zeichen der Verflechtung zwischen Regierung und Parlament. Es gibt auch nichtparlamentarische Staatsekretäre
- **Koalitionsregierungen**: Schaffung der *'Kanzlermehrheit' meist* (Ausnahme CDU/CSU 1957) *Koaltionsmehrheiten.* ZB der FDP viel diese Rolle lange zu
  - ○ -> Bei Koalitionsregierungen ist das Finden einer gemeinsamen Arbeitsbasis essentiell und wird durch gegensätzliche Vorstellungen erschwert
  - ○ *Krisenbewältigung in Koalitionsgremien* oder *'Koalitionsrunden'*
- Die **"Handlungseinheit" und ihre Sollbruchstellen:**
  - ○ **Konstruktives Misstrauensvotum** als **Möglichkeit der Amtsenthebung**: Konstruktiv, da nur eine Amtsenthebung, wenn gleichzeitig ein neuer Kanzler gewählt wird. -> "Befreiung" von der alten nur durch eine neue Mehrheit.
  - ○ *Misstrauenvoten* finden *mit verdeckten Stimmzetteln* statt.
- **Vertrauensfrage**: kann der Kanzler stellen; *kann Auflösung des Bundestages nach sich ziehen. (a) Abstrakte Vertrauensfrage* (4 Mal), *(b) Sachbezogene Vertrauensfrage*; bzw. *echte* und *unechte* (Ziel: Auflösung d. Bundestages als taktisches Mittel -> verfassungsgem.) Vertrauensfrage

Kanzler, Minister, Kabinett:
- Die **BReg besteht aus** dem **Bundeskanzler und den Bundesministern (Art. 62 GG)**
- **Organisationsgewalt des Kanzlers – Theorie und Praxis:**
  - ○ Theoretisch *freie Wahl von Ministern*

---

[7]Vgl. Marschall, Das politische System Deutschlands, 2011, 154–174.

23/41

- ○ *Praktisch:* **Kenntnisnahme bereits vorhandener Strukturen**; Wahl der Minister (Parteipolitik,...)
- ○ *Vier Schlüsselministerien: Auswärtiges-, Finanz-, Inneres-* und *Wirtschaftsministerium.*
- **Kanzler-, Ressort- und Kabinettsprinzip:**
  - ○ **Formale Abhängigkeit der Minister** -> Minister verliert das Amt zusammen mit dem Kanzler sollte dieser abtreten müssen. Personalhoheit des Kanzlers
  - ○ **Richtlinienkompetenz des Kanzlers** (Art. 65 GG) -> Entscheidung über die politische Zielsetzung der BReg. Kanzler muss auf die Einheitlichkeit der Geschäftsführung hinwirken
  - ○ **Ressortprinzip:** Der jew. Minister ist für sein Ressort verantwortlich; auch der Kanzler kann nicht einfach "hineinregieren".
  - ○ **Kabinettsprinzip:** BReg als Kollektivorgan -> *BReg als ganzes entscheidet über* die *Initiativen,* die in die Gesetzgebung eingebracht werden. Den vier wichtigsten Ressorts kommt eine privilegierte Stellung zu
    - ▪ *Kabinettssitzungen:* Kanzler + Minister + Leiter Bundespräsidialamt + Chef des Bundespresseamtes + Pers. Referent des Bundeskanzlers + Schriftführer; Sitzungen sind vertraulich. Abstimmungen finden i.d.R. konsensual statt. Mehrheitsabstimmungen sind möglich.

Eine deutsche Kanzleremokratie?

- Gem. GG stehe der **Bundestag** im **Zentrum der staatlichen Willensbildung** und Entscheidung. Allerdings haben sich im Laufe der Zeit eine "Kanzlerdemokratie gebildet:
- **Kanzlerdemokratie. 5 Merkmale** (K. NICLAUß):
  - ○ **(1)** Die **Machtchancen**, die in der Verfassung angelegt sind werden vom Amtsinhaber *genutzt*
  - ○ **(2)** *Kanzler* hat **Spitzenposition** in der größten *Regierungspartei*
  - ○ **(3)** *Deutliche* **Polarität** zw. *Regierungs- und Oppositionsparteilager*
  - ○ **(4)** *Kanzler* engagiert sich erheblich in der **Außenpolitik**
  - ○ **(5)** *Rolle* des Kanzlers durch die *Tendenz zur* **Personalisierung** *hervorgehoben.*
- Personen/ Führungsstile machen Unterschiede: *Unterschiedlich starke Ausprägung* der "Kanzerdemokratie" *von Kanzler zu Kanzler.*
- **3 Arenen**, in denen sich der Kanzler bewegen und Macht gewinnen können (postiv u. negativ):
  - ○ **(1) Parlamentarische Arena:** Starke oder schwache Koalitionsbasis
  - ○ **(2) Parteipolitische Arena:** Gute Aufstellung innerhalb der eigenen Partei kann Handlungsspielräume eröffnen und umgekehrt
  - ○ **(3) Medienarena:** Verstärkung der Anliegen duch die Medienöffentlichekeit, oder Schwächung.
- **Bundeskanzleramt: Stabsstelle,** von Adenauer eingerichtet. Wichtige **organisatorische Machtquelle der Kanzler.** Chef des Kanzleramts wird gelegentlich als "graue Eminenz" (stille Arbeit, öffentlichkeitsfern) bezeichnet.

Ministerialbürokratie:

- **Vielschichtig gegliederte Bundesverwaltung:** Bundesregierung = Bundeskanzler + Minister; Aber Exekutive umfasst mehr als nur die BReg oder den Bundespräsidenten. ->

- **Oberste** und **Obere Bundesbehörden; Mittlere** und **Untere Behörden.**
- Ministerien von 2000 Mitarbeitern bis zu nur 500 Planstellen groß -> Insgesamt rund 22.000 Beschäftige in de Ministerialverwaltung des Bundes (2/3 Beamte davon). Die Zahl wird mit nachgeordneten Bereichen (Bundespolizei,...) noch größer
- **Aufbau eines Ministeriums** (gem. Gemeinsamer Geschäftsordnung der Bundesministerien): *Minister -> Staatssekretäre* (beamtete und parlamentarische) -> Stabsstellen (Ministerbüro, Kabinettsreferat, Pressestelle) -> *Abteilungen/ Fachabteilungen* (befasst sich in der Regel mit einer organisationsinteren Aufgabe (Personal, Infrastruktur,...)) -> *Unterabteilungen -> Referate*
- **Vom Referentenentwurf zur Kabinettsvorlage ("Dienstweg"):** Vorlagen aus Referaten passieren verschiedene Ebenden bevor sie in den Leitungsbereich des Ministeriums gelangen. **(1)** *'Referentenentwurf* -> **(2)** *Modifizierung in höheren Bereichen* der Ministerialverwaltung; **(3)** *Ministerebene* (=> Einfluss der Verwaltung auch in der Entscheidungsfindung)
- **Prinzip des Beamtentums** prägt die Verwaltungsarbeit: Sind mit unparteiischer Wahrnehmung hoheitlicher Aufgaben betraut.
  - *"politische Beamte":* Leitungsfunktion bis hinunter auf Abteilungsebene in der Verwaltung, die mit der parteipolitischen Spitze dicht verknüpft ist. Ein Austausch vollzieht sich bis zu einem gewissen Grad bei Regierungsneubildungen.

8 Die unpräsidiale Demokratie – der schwache, aber nicht ohnmächtige Bundespräsident[8]

- **Semi-präsidentelle Systeme** (M. DUVERGER):
  - **Doppelköpfige Regierung:** *Präsident* und *Regierungschef* (Premierminister, Kanzler, Ministerpräsident)
  - **Präsident** direkt vom Volk **gewählt**
  - **Präsident** verfügt über **beachtliche Kompetenzen**
  - *Regierungschef* ist *auf* das *Vertrauen des Parlaments angewiesen.*
  - Beispiele: **Frankreich, Russland;**
  - **Unterformen** der semi-präsidentiellen Demokratie: **präsidentiell-parlamentarische** oder **parlamentarisch-präsidentielle** Varianten

Der Weimarar Reichspräsident als negative Blaupause
- WRV sah eigentlich einen parlamentarischen Schwerpunkt vor. -> Aber: Es etablierte sich ein **"präsidiales"** Regime.
  - Machtaufstieg des Reichspräsidenten: **Volkswahl** des **Reichspräsidenten für 7 Jahre;** erhebliche **Machtpotentiale:** *Auflösung* des *Reichstages, Ernennung/ Entlassung des Reichskanzlers, Befehlshaber der Streitkräfte*; Art. 48 WRV: **Notverordnungsgesetz** -> Regieren der Regierung unter Umgehung des Reichstages ->
- *Entparlamentarisierung* durch Ausrufung des *permanenten Notstandes*
- Fehlen einer konstruktiven demokratischen Parteienkultur, die es Ebertz und von Hindenburg ermöglichte diese Machtfülle auszufüllen.

---

[8]Vgl. Marschall, Das politische System Deutschlands, 2011, 175–195.

Die Wahl des Bundespräsidenten – Verfahren und Ergebnisse

- **Wahl durch Bundesversammlung** (Organ, das nur für die Präsidentenwahl zusammentritt);
  - *Mitglieder der Bundesversammlung* haben die *Rolle von Wahlleuten,*
  - Tritt **alle 5 Jahre** zusammen
  - Zusammensetzung der BVers: **(1) Mitglieder des Bundestages; (2)** Gleich große Anzahl von **Personen,** die **von den Landtagen gewählt sind** (Je nach dem Stärkeverhältnis der Parteien in den Ländern). Größe hängt also von der Größe des Bundestages ab, die schwankt (Überhangmandate,...)
    - Häufig auch prominente Sportler, Schauspieler oder Künstler nominiert, nicht nur Parlamentarier
  - **Fraktionenbildung in der Bundesversammlung:** Dient der Erstellung von Meinungsbildern und der Koordinierung des weiteren Vorgehens.
  - **Koalitionsbildung in der Bundesversammlung:** Notwendig, da keine Partei die absolute Mehrheit mehr auf sich vereinen kann. -> Kräfteverhältnisse stimmen nicht immer mit dem des Bundestages überein.
  - **3 Wahlgänge:** Bei den ersten beiden ist eine absolute Mehrheit notwendig, beim dritten Wahlgang nur mehr eine relative.
  - **Geheime Abstimmung**
- **Wahlergebnisse:**
  - **Bundespräsident** stets mit **parteipolitischem Hintergrund**
  - Bundespräsident kann *auch aus* der *Opposition* stammen -> Ein Staatssekretär des Bundespräsidenten *nimmt an Regierungssitzungen teil* und käme so an vertrauliche Informationen.
  - *Bei Wiederwahl große Zustimmung* -> reine Formsache; oft nur Gegenkandidat mit Symbolwirkung
- **Amtsenthebung: Bei Gesetzesverstoß gem. Art. 61 GG möglich** -> Präsidentenanklage. Klageberechtigt sind Bundestag, Bundesrat. Das BVerfG entscheidet.
- **Rücktritt** ist **möglich** (Köhler, Wulff)

Die Rolle des Bundespräsidenten:

- **Vielfalt** von **Aufgaben und Kompetenzen,** abhängig von der jew. Situation
- Unterstützt wird der BP vom **Bundespräsidialamt** mit seinen rund 160 Mitarbeitern; *Amtssitz Schloss Bellevue* in Berlin.
- **Aufgabe: Vertretung des Volkes nach innen und außen.**
  - *Völkerrechtliche Vertretung der Bundesrepublik* -> Unterzeichner von Staatsverträgen, die von der BReg ausgehandelt wurden
- BP als **Staatsnotar** – Aufgabe bestimmt Vorgänge zu beglaubigen: z.B.:
  - *Personalfragen:* Richter an Bundesgerichten, Bundesbeamten und Soldaten höherer Ränge, Bundeskanzler nach Wahl durch den Bundestag, Ernennung und Entlassung der Minister auf Vorschlag des Bundeskanzlers
  - *"Besiegelung" von Gesetzen* -> Vorletzter und unverzichtbarer Schritt im Gesetzgebungsprozess bevor es im Bundesgesetzblatt verkündigt wird und so in Kraft treten kann.
  - *Begnadigungsrecht*
  - *Verleiht Orden und Ehrenzeichen*; Anordnung der Verwendung von Staatssymbolen (Hymne, Flaggen, Wappen,...), Staatsakten und Staatsbegräbnissen (ein Mitglieder der

Bundesregierung muss hier gegenzeichnen)
- *Empfäng Staatsgäste* mit militärischen Ehren.
- **Bundespräsident als "Hüter der Verfassung"?**
  - **Einbindung in ein System von "checks and balances"**
  - **Formelle und materielle Überprüfung**: Formelle ÜP: Hat ein Gesetz den vom GG vorgesehenen 'formalen' Prozess durchlaufen? Materielle ÜP: Steht des Gesetz mit den Inhalten des GG in Konflikt? ->
  - Hierzu *Überprüfung* durch das Bundespräsidialamt, die *mehr als nur Formsache* ist. Es wurde auch schon das Unterzeichnen von Gesetzen abgelehnt
  - Allerdings ist die *Prüfungstätigkeit eher zurückhaltend*, da <u>nicht</u> *besonders viele Gesetze 'kassiert' wurden* -> *BVerfG als Hüterin der Verfassung*
- Der **BP und seine "Reservemacht"** – hier machen die Entscheidungen des Präsidenten durchaus einen Unterschied (*im Falle einer Systemkrise*):
  - *3. Durchgang der Kanzlerwahl* – Probleme beim Finden der Kanzlermehrheit: *Bestätigung eines Kandidaten, der einfache Mehrheit besitzt oder Neuwahlen/*Auflösung des Bundestages
  - *Gescheiterte Vertrauensfrage:* Hat der *Kanzler* bei gestellter Vertrauensfrage nach Art. 68 GG keine parlamentarische Zustimmung und *schlägt* dieser infolge die *Auflösung des Bundestages vor*, hat der *BP zwei Alternativen:* Entweder *löst* er infolge des Vorschlages den *Bundestag auf, oder* er *entspricht* diesem *Vorschlag* <u>nicht</u> (->*Minderheitenkanzler* -> 'Gesetzgebungsnotstand ->'). Ein Minderheitenkanzler kann den Antrag stellen den Gesetzgebungsnotstand zu erklären-> Der BP erklärt den Gesetzgebungsnotstand; Fortan ist die Mehrheit des Bundesrates zur Gesetzesverabschiedung hinreichend. (Bislang keine wirkliche Systemkrise).

Die Macht des Wortes und der symbolischen Tat:
- **Amt des Staatsoberhauptes** ist nicht nur auf seine formalen Kompetenzen reduzierbar: **Unterscheidung "auctoritas" (->Autorität) und "potestas" (institutionalisierte Herrschergewalt)** (nach ESCHENBURG)
- Viel **beachtete öffentliche Auftritte**: Reden, Fernsehen -> Das was der BP sagt, wird u.U. Aufgegriffen und weiterdiskutiert, z.B. Die BP Herzog, Weizsäcker, Rau, Köhler
  - -> Möglichkeit Themen zu setzen und zu pointieren.
  - **BP** reagierten in ihrer **Presse- und Öffentlichkeitsarbeit** auf die veränderten Bedingungen eine massenmedial geprägten Medienwelt: Nutzung des Internets, Massenmedien
  - Teil des "going public" der Präsidenten ist es auch Einrichtungen zu besuchen, Preise zu stiften, Gäste zu empfangen, Schirmherrschaften zu übernehmen,...

Do Persons Matter? - Grenzen und Chancen des Amtes:
- **Parteilichkeit <u>beschädigt</u> die Reputation** des Amtes
- *Amtsinhaber* bewegen sich innerhalb eines Rahmes und *können* ihren *eigenen Stil entwickeln*
- *Hohe Vertrauenswerte* des Bundespräsidenten
- **Einfluss hängt von vielen Faktoren ab:** *Autorität* bei der Bevölkerung, *Wahrnehmung* und *Darstellung* des Amtes in den Medien, *Stützung* in der Politik (Bundestag,...)/ Akzeptanz durch die Eliten,...

9 Die gehütete Demokratie – Die politische Macht des Bundesverfassungsgerichts[9]

Das deutsche Gerichtswesen:
- Ausdifferenziert in **verschiedene Fachgerichtsbarkeiten**
  - ○ **Bundesebene: Oberste Gerichtshöfe** (*Richterbestellung* durch jeweils zuständigen Bundesminister + Richterwahlausschuss; gem. Art 95 GG)
- **BVerfG** ist eines der 5 im GG erwähnten *Staatsorgane*
  - ○ Hat *auch "politische" Bedeutung*

Die Wahl der Bundesverfassungsrichter: Verfahren und Ergebnisse:
- **Wer Richter beim BVerfG wird, entscheiden parteipolitische Akteure.**
- *Je zur* **Häfte von Bundestag** *und* **Bundesrat** gewählt.
  - ○ Im **Bundesrat** findet die *Wahl direkt*, also im Plenum statt
  - ○ Der **Bundestag** wählt *indirekt* -> **Wahlausschuss** (12 von den Parlamentsfraktionen vorgeschlagene Abgeordnete, vom Bundestag gewählt; Verteilung nach Stärke der Fraktion; tritt bei Wahlnotwendigkeit zusammen)
  - ○ **Wahl in Bundesrat und Bundestag** zum VerfRichter **muss mit 2/3 Mehrheit erfolgen**
    - ▪ Kritik an der Wahlmethode durch einen Ausschuss, da eine mittelbare Wahl vom GG nicht vorgesehen ist.
- **Zusammensetzung des BVerfG:**
  - ▪ *Bundestag* -> Wahlausschuss *wählt den Ersten Senat* des BVerfG;
  - ▪ *Bundesrat* -> Wählt *Zweiten Senat*
  - ▪ (1.) Präsident und Vorsitzender eines Senats
  - ▪ (2.) Vizepräsident und Vorsitzender eines Senats
  - ○ *Starke Beeinflussung durch Parteipolitik* im Bundestag; Aber: Relativierung der Abhängigkeit von den Mehrheitsverhältnissen im Bundestag durch den Bundesrat, der parteipolitisch anders bestückt sein kann als der Bundestag. ->
  - ○ **Jeder Platz ist einer Partei zugeordnet.** Wird also ein CDU- Platz frei, haben die Vertreter der CDU im Bundestag oder im Bundesrat das Nominierungsrecht.
    - ▪ [FDP] und Bündis 90/Grüne ist mittlerweile ach das Nominierungsrecht für einzelne Sitze zugestanden worden.
    - ▪ *Ziel: Nominierung eines Richters,* der *Mitglied der nominierenden Partei* ist oder in wichtigen Fragen im Sinne der ausschlaggebenden Partei aufgestellt haben.
    - ▪ **Grenzen des Parteieinflusses: (a) Formale Grenze:** *Befähigung zum Höchstrichter* oder Professor für Rechtswissenschaften an einer dt. Uni; *älter als 40 Jahre*; darf nicht Mitglied in Bundesrat oder Bundestag sein. **(b)** *In jedem der beiden Senate* müssen *drei ehemalige Richter von Obersten Bundesgerichten* vertreten sein.
- **(c)** *Aufgrund der 2/3 Mehrheit* können *andere Parteien* ein *Veto* einlegen.
    - ▪ Beim Wahlverfahren werden auch die Stimmen der amtierenden Bundesrichter gehört
  - ○ **Unabhängigkeit der Richter.** Sichergestellt durch:
    - ▪ *Wiederwahl ausgeschlossen*
    - ▪ *Amtszeit 12 Jahre*

---

[9]Vgl. Marschall, Das politische System Deutschlands, 2011, 196–216.

- Position des Bundesverfassungsrichters meist *Endpunkt der Karriere*

Organisation und Verfahrensarten:
- **Geregelt im BVerfGG**: Bundesverfassungsgerichtsgesetz: *Rechtl. Grundlagen für die Arbeit des Wahlausschusses im Bundestag; Arbeitsweisen* und *Strukturen* des Gerichts werden *festgelegt* -> das BVerfGG behandelt die Dinge, die im GG nicht geregelt sind.
- **Aufbau des BVerfG:**
  - **Zwei Senate mit je 8 Richtern**
    - der Vorsitzende des einen ist zugleich Präsident, der des anderen Vizepräsident
  - <u>Alt:</u> der erste Senat ist früher als "Grundrechtssenat" bezeichnet worden, der zweite Senat als "Staatsrechtssenat" eingestuft (bei Streitigkeiten unter Verfassungsorganen und Parteiverbotsverfahren) -> rigide Einteilung, abgelöst durch:
  - **Flexibleres Vorgehen im Bearbeitungsprozess unterschiedlicher Materien**, indem die *Expertiseschwerpunkte* der einzelnen Richter *berücksichtigt* werden, quer zur Senatsstruktur.
  - Üblicherweise liegt die Bearbeitung einer Materie in den Händen eines Richters, aber:
  - **Entscheid/Urteilsfällung per Mehrheitsbeschluss**; Abweichende Meinungen einzelner Richter werden dem Urteil angehängt bei der Veröffentlichung
  - **Kammern:** Institution in den Senaten *zur Arbeitsentlastung*: Besteht aus *je 3 Richtern*
    - Aufgabe: *Bei Verfassungsbeschwerden* oder kontreten *Normenkontrollverfahren* eine Entscheidung zu treffen -> Arbeitsentlastung für den Senat.
  - **Unterstützung durch Verwaltung und Mitarbeiterstäbe**; Sitz im Gerichtsgebäude am **Schloss in Karlsruhe**; Bedeutung der wissenschaftlichen Mitarbeiter der Richter bei der Entscheidungsfindung
  - **Verfahrensarten:**

Verfahrensarten	Antragsberechtige	Gegenstand des Verfahrens
Verfassungsbeschwerde	"jedermann"	Verletzung von Grundrechten durch die öffentliche Gewalt
Konkrete Normenkontrolle	Jedes Gericht	Prüfng der Vereinbarkeit förmlicher Gesetze mit dem Grundgesetz
Abstrakte Normenkontrolle	BReg; LReg; Bundestag (1/3 der MdBs)	Prüfung der Vereinbarkeit von Bundesrecht und Landesrecht mit dem Grundgesetz und sonstigem Bundesrecht
Organstreitigkeit	BP; Bundestag; Bundesrat; BReg; Teile dieser Organe; Parteien	Kompetenzverletzung oder Gefährdung durch Maßnahmen oder Unterlassungen
Bund-Länderstreitigkeiten	BReg; LReg	z.B.: Bei Meinungsverschiedenheiten über Rechte und Pflichten des Bundes und der Länder

Parteiverbot	Bundestag, Bundesrat, BReg, ggf. LReg	Verfassungwidrigkeit einer Partei
Verwirkung von Grundrechten	Bundestag, BReg, LReg	Individuen, die Freiheitsrechte zum Kampf gegen die Freiheitlich- demokratische Grundordnung missbrauchen

Zentrale Verfahrenstypen beim Bundesverfassungsgericht. *(Quelle: Vgl. Marschall, 2011, 202)*

Das BVerfG als politischer Akteur:

- Das **Zuständigkeitsprofil** des BVerfG **zeigt, dass dieser tief in den politischen Prozess eingreifen kann.** ZB bei Auseinandersetzungen zwischen parteipolitischen Akteuren. Allerdings:
- **Keine** Initiative des **BVerfG.** Muss angerufen werden.
- BVerfG ist bei allen seinen **Entscheidungen immer** die **letze Instanz.** Seine Urteile können nicht mehr aufgehoben werden (Außer Verfassungsmehrheit).
  - ○ Aber eine letzte Instanz ohne absolute Machtstellung: Das *BVerfGG ist als Fundament des BVerfG veränderbar.*
  - ○ **EUGH** und **Europäischer Gerichtshof für Menschenrechte** sind in einiger Hinsicht **übergeordnete Instanzen.**
- **Entscheidungen in folgenden Bereichen:**
  - ○ **(1) BVerfG ist Hüterin der Verfassung** -> Bewahrung der Substanz des GG und Weiterentwicklung, wo dies erforderlich ist.
  - ○ **(2) Mitentscheidung, wer wann mit welcher Macht im politischen Prozess teil hat und nach welchen Spielregeln die Entscheidungsfindung abläuft.** Hat in politischen Konflikten die Kompetenz zugunsten der einen oder anderen Position zu entscheiden
  - ○ **(3) Mitgestaltung des marteriellen Rechtes in einigen Politkfeldern,** wenn es auf Grundlage einer Verfassungsinterpretation getstzliche Regelungen verwirft und den Gesetzgeber auffordert, Recht nach Vorgaben des Gerichts zu schaffen.
- **Parteiverbotsverfahren** selten. Ist zwar ein Verfahren mit besonders machtpolitischer Relevanz, aber aufgrund demokratieparadigmatischer Faktoren selten. (Bsp. NPD)
- **Opposition** kann Gesetze vom BVerfG prüfen lassen (**Normenkontrolle**): Recht dazu haben BReg, LReg, 1/3 des Bundestages. Bis Ende 2010 aber nur 165 Normenkontrollverfahren
  - ○ BVerfG kassiert nur einen Bruchteil der beanstandeten Normen
- **"Damoklesschwert" Karlsruhe: BVerfG als Drohpotential im politischen Prozess:**
  - ○ *Bereits bei der Gesetzgebung achtet man auf vorhergehende Urteile des BVerfG ->* Genaue Analyse, um 'Probleme' zu vermeiden. Es kann aber sein, dass sich die Zusammensetzung des Gerichts seit den letzten Urteilen geändert hat.
  - ○ *Testung der Robustheit* von Vorlagen unter Anhörung ehemaliger Mitglieder des BVerfG -> Abklärung von Gesetzesvorlagen auf Verfassungsmäßigkeit.

BVerfG als "Ersatzgesetzgeber"?

- Erheblicher Einfluss auf die allgemein verbindlichen Normen und ihren Entstehungsprozess
  - ○ Drohung den BVerfG einzuschalten schon im Prozess der Normengebung präsent
- **"Ersatzgesetzgeber": Vorwurf** ("Richter machen Politik", "Regieren durch Richter")

- o <u>Vorwurf</u> der *Ausweitung von der Normenkontrolle auf den Prozess der Normensetzung*
  - Grundsätzliche Frage aber: Lässt sich Normenkontrolle klar von Normensetzung unterscheiden?
- o **Rechtssprechung** ist **immer zugleich Rechtssetzung**, *da Verfassungen* <u>lückenhaft</u>, <u>widersprüchlich</u>, <u>sprachlich uneindeutig</u>, <u>zeitgebunden</u> sind. -> Akt der Rechtsschöpfung hat immer auch eine "politische Dimension". (vgl. Jutta Limbach, Rede Berliner Humboldt-Universität, ehemalige BVerfG-Präsidentin)
- o Bereits in einer der ersten Entscheidungen sprach der BVerfG vom "Hinübergreifen der richterlichen Gewat in die gesetzgeberische Sphäre"
- o **Drei Tendenzen des richterlichen Einflusses** (Klaus v. BEYME, "Richterlicher Aktivismus", <u>Kritik</u>): **(I)** *BVerfG hat Detailfragen als Anlas*s genommen um *Rechtsgebiete umfassend neu zu regeln*; **(II)** *Auch Zweckmäßigkeit*, nicht nur Verfassungsmäßigkeit wurde *zum Entscheidungskriterium erhoben*; **(III) Übermäßige Einengung** des Gesetzgebers in 'Appellentscheidungen' (= Entscheidung, die den Bundestag zum Handeln herausfordert, i.d.R. mit Frist + inhaltliche Vorgaben, entlag derer der Gesetzgeber tätig werden soll)
- o **Aktivismus** *des Gerichts* ist *in unterschiedlichen Bereichen* **unterschiedlich stark** (z.B. in der Außenpolitik sehr gering)
- **Richter in den Medien:**
  - o *Äußerungen* werden schnell *mit Gewicht* in den politischen Prozess aufgenommen
  - o *BVerfG* sagte in einer seiner ersten Entscheidungen selbst, dass ein *Hineinwirken in* den *Gesetzgebungsprozess* "<u>unziemlich</u>" sei...

Der BVerfG und seine Integrationsfunktion:

- Institution mit **Vertrauensbonus** in der Bevölkerung
- Das **BVerfG- Image**: Richter, die endgültige Entscheidugen verlesen -> *Autorität und Überparteilichkeit...*
- *BVerfG schafft Vertrauen in das System.*

10 Die föderale Demokratie – Bund, Länder und Kommunen[10]

In diesem Kapitel liegt der Fokus auf der Politik unterhalb der Bundesebene, die bisher vorrangig betrachtet wurde. Den **groben Rahmen** legt das **GG**.

2 Extrempole:

a) Allianz: Staatenbund, Ziel: Vielfalt und Eigenständigkeit...;
aa) konföderaler Bundesstaat

b) Einheitsstaat: Integration und Gleichheit der Lebensbedingungen als oberste Ziele.
bb) unitarischer und *dezentraler Einheitsstaat* sind Abschwächungen des Extrems.

---

[10]Vgl. Marschall, Das politische System Deutschlands, 2011, 217–240.

Der deutsche Bundesstaat – Pfadentwicklung:
- Späte Gründung des Nationalstaats von oben. Entwicklung entlang eines Pfades:
  - **Geschichtlich** gesehen bedeutsame Rolle von *Kleinstaaten* und *Fürstentümern*; *konfessionelle Spaltung* und *Konflikt Kaiser – Reichsstände.*
  - **1871 Gründung des dt. Nationalstaates** unter der Führung Preußens: Gründung von oben, nicht durch revolutionäre Erhebung wie z.B. in Frankreich. Die Landesfürsten spielten also immer noch eine wichtige Rolle.
  - **Weimarer Republik:** *Beibehaltung föderaler Strukturen*
  - **NS- Staat: Gleichschaltungsversuch der Länder** -> formal erhalten, aber durch Gau-Einteilung überlagert und faktisch entmachtet.
- **Starker föderaler Charakter der BRD - Gründe:**
  - **(a) Ländergründung vor Bundesgründung:** Nach dem II.WK Schaffung von Verwaltungseinrichtungen- und begrenzt souveränen Regierungssystemen durch die Alliierten. 1946 Bildung erster Länder: NRW, Schleswig- Holstein, Niedersachsen und Hamburg in der britischen Besatzungszone.
    - *In diesem Prozess: Aufspaltung traditioneller Zusammenhänge* und Fusionierung vormals Getrenntem. Zusammenlegung zeigt sich in Doppelnamen von Ländern
  - Die **Vertreter** der **bereits existierenden westdeutschen Länder** bekamen dann auch den **Auftrag** den **neuen Staat zu gründen.** Brachten ihre Interessen als einerseits deutsche Politiker, andererseits als Ländervertreter ein.
  - **(b)"Föderalismus" als Auftrag der Alliierten:** *Londoner Konferenzen* und den *Frankfurter Dokumenten* von 1948: Festlegung der Richtlinien, denen der neue Staat zu folgen hatte. Zerschlagung Preußens und Gliedstaatenstruktur; Verteilung der Macht zwischen Bund und Ländern, sowie gegenseitige Machtbeschränkung.

Länder als politische Systeme:
- **Alle Länder: Demokratisch, sozial- und rechtsstaatliche Verfasstheit**
  - *Demokratieprinzip* setzt Repräsentation des Volkes in den Gliedstaaten voraus -> In der Praxis: **Parlamentarische Regierungsform**
  - Unterschiedliche Ausprägung der parlamentarischen REgierungsform (vgl. S. 223)
- In **demokratischer Wahl** werden die **Landesparlamente** (Landtag, Bürgerschaft, Abgeordnetenhaus) **gewählt.** -> Diese **wählen** wiederum die **jeweiligen Regierungschefs** der Länder (Ministerpräsident, Bürgermeister, Erster Bürgermeister, Regierender Bürgermeister). **Chef der LReg** ist dem **jew. Parlament verantwortlich** (es gibt nirgends eine direktwahl des RegChefs).
  - **Verfahren direkter Demokratie** in den Ländern: Unterschiede bei der konkreten Ausgestaltung
  - **Haushaltsautonomie** der Länder: Eigene Haushalte, die sich aus verschiedenen Quellen speisen. Nach der Förderalismusreform II gehören die Erbschafts- und Schenkungssteuer, Biersteuer, sowie Rennwett-, Lotterie-, und Sportsteuer dazu.
  - **Länderfinanzausgleich:** *Ziel: Bewahrung "gleichwertiger Lebensverhältnisse"* (Art. 72 Abs. 2 GG)
    - **Zwei Formen des Finanzausgleichs:**
(a) horizontaler Ausgleich zwischen den Ländern (reichere zahlen an ärmere); <u>Kritik:</u> Nehme den armen Ländern die Motivation sich zu bessern und bestrafe die reichen Länder...
(b) vertikaler Ausgleich zwischen Bund und Ländern: "Bundesergänzungszuweisungen"

- ○ **Kompetenzverteilung Bund – Länder im GG geregelt:**
  - ▪ Ausschließliche **Länderdomänen**: *Polizeiangelegenheiten, Schul- und Hochschulpolitik, Kultur- und Medienfragen*, sowie die Festlegung der *Gemeindeordnung*
  - ▪ **Konkurrierende Gesetzgebung** [Wenn der Bund die seinige nicht nutzt liegt die Gesetzgebungskompetenz bei den Ländern] : Bspw. Arbeits- und Vereinsrecht

Der Bundesrat als "Ländervertretung"?

- Der autonome Gestaltungsbereich der Länder schrumpfte im Laufe der Zeit und wurde durch die jüngsten Reformen wieder leicht ausgedehnt. Länder können durch den...
- **... Bundesrat (Verfassungsorgan) an der Gesetzgebung mitgestalten.**
- **Geschichtliche Debatte im 'Parlamentarischen Rat':**
  - ○ *Senatsmodell*: Vorbild: US-Modell; Jeder Bundesstaat unabhängig seiner Größe entsendet die gleiche Anzahl; Direkt gewählt, weitreichende Kompetenzen
  - ○ *Bundesratsmodell*: Keine Wahl der Mitglieder, sondern Vertreter der Landesregierungen; Eingeschränkte Rolle in der Gesetzgebung
- **Bundesrat (Art. 50 – 53 GG) = autonomes Staatsorgan,** keine "Zweite Kammer". Parlament hat nur eine Kammer, den Bundestag.
- **Zahl der Vertreter im Bundesrat nach "Gewichtsklassen". Die Bevölkerungsreichsten** über 6 Mio. entsenden jeweils **sechs** (NRW, Bayser, Baden-Württemberg, Niedersachsen) die **Kleinsten** jeweils **drei**
- Die **Delegationen können ihre Stimmen nur** *einheitlich* **abgeben.**

Der Bundesrat und die Gesetzgegbung des Bundes

- **Legislatives Initiativrecht** des **Bundesrates** (Gemeinsam mit BReg und Bundestag): Kann also Gesetzesentwürfe einbringen.
  - ○ Alle *Gesetzesentwürfe müssen* vor ihrer Ausfertigung die *Ländervertretungen passiert haben*
- **Bremsen/ Blockieren eines Gesetzes durch den Bundesrat möglich,** wenn:
  - ○ **(a) zustimmungsbedürftige Gesetze:** *Zustimmung* des *Bundesrates notwendig*, damit aus der Vorlage ein Gesetz werden kann.

Ablauf: *Abstimmung im Bundestag* über den Entwurf -> **Bundesrat:** *bei* *nicht absoluter Mehrheit* (Enthaltungen = Nein-Stimmen) kann das *Gesetz* *nicht verabschiedet* werden.

  - ▪ Möglichkeit eines **Vermittlungsausschusses/ Vermittlungsverfahren:** 32-köpfiges Gremium (*Häfte aus Bundestag* und andere *Hälfte aus Bundesrat*), *geteilte Leitung*; große Bedeutung des Vermittlungsausschusse;

Bei (vorläufigem) Scheitern des Gesetzgebungsverfahrens: Verhandlung unter Ausschluss der Öffentlichkeit; Entscheidungen mit *Mehrheitsvotum* getroffen; *Mitglieder* *nicht* *weisungsgebunden*; Sowohl Bundestag als auch Bundesrat können dem Ergebnis als ganzem zustimmen oder es ablehnen. Bei Auseindandersetzungen bei nicht-zustimmungsbedürftigen Gesetzen kann der Ausschuss angerufen werden... allerdings hat der Bundestag hier die Möglichkeit zu überstimmen. **-> *Vermittlungsausschuss wichtiger Bestandteil des kooperativen Föderalismus*** in Deutschland. Vertreter des Bundestages und Bundesrates an einem Tisch...

  - ○ **(b) nicht-zustimmungsbedürftige Gesetze:** Nur **eingeschränkte Blockademöglichkeiten** des Bundesrates.

Ablauf: *Nach der dritten Lesung* u. Verabschiedung des Entwurfs *votiert der Bundesrat über diesen.* -> Wenn <u>keine</u> Mehrheit im Bundesrat -> *Überstimmung durch den Bundestag mit gleichlaufender Mehrheit* wie bei Ablehnung im Bundesrat (absolute Mehrheit gegen abs. Mehrheit, 2/3-Mehrheit gegen 2/3-Mehrheit)

- "Einspruchsgesetze": Nicht-zustimmungsbedürftige Gesetze werden oft, nicht ganz zutreffend, so bezeichnet
  - ○ **Kriterien für Zustimmungsbedürftigkeit:**
    - *Ausdrückliche Erwähnung* für manche Fälle *im GG*
    - [Verwaltung der Länder betroffen (Kriterium bis 2006)]
    - *Gesetz verursacht* den *Ländern Kosten* (nach Föderalismusreform I); als Folge sank die Zahl zustimmungsbedürftiger Gesetze.

    - *Zuordnung kann <u>strittig</u> sein*... Bei Uneinigkeit kann das BVerfG angerufen werden; Aber auch verfahrenstechnische Trennung von inhaltlichen Teilen des Gesetzes in zustimmungsbedürftige Teile und nicht-zustimmungsbedürftige Teile

Der Bundesrat als parteipolitisches Blockadeinstrument?
- <u>Kritik:</u> *Bundesrat* sei *zu einem parteipolitischen <u>Blockadeinstrument</u> der parlarmentarischen Opposition geworden.* Dadurch seien wichtige Reformprojekte nicht realisiert worden
  - ○ Nicht mehr Länderinteressen, sondern Interessen der Bundesparteien würden vertreten werden.
- Parteienwettbewerb vor allem in *Phasen eines "divided government"* wichtig, wenn also die *Opposition* des Bundestages *durch die Beteiligung an den LReg* eine entsprechende *Vetoposition im Bundesrat verfügt* (selten).

- Genauerer Blick auf das Abstimmungsverhalten im Bundesrat relativiert den Blockadevorwurf.

Politikverflechtung und Politikverflechtungsfallen
- **BRat** ist ein **Beitrag zur "Politikverflechtung"** (Begriff von Fritz W. SCHARPF geprägt)
- Bund und Länder in D vielfältig miteinander verschränkt; Gegensatz zB USA: trennföderales System
  - ○ **(a) Horizontal:** Zusammenarbeit der Länder auf horizontaler Ebene um ihre *Entscheidungen zu koordinieren* (zB KMK: Kultusministerkonferenz); *"extrakonstitutionelle" Gremien* (GG kennt diese nicht)
  - ○ **(b) Vertikal:** *Verflechtung Bund – Länder*: ZB der *Bundesrat* ist ein solches Gremium; Teilhabe der Länder an der Gesetzgebung des Bundes; Weiters *finanzielle Verschränkungen* der beiden Ebenen in Form der Verbundsteuern und die *Übernahme von Verwaltungsaufgaben* für den Bund durch die Länder.
- **"Politikverflechtungsfalle"** (nach SCHARPF): <u>Immobilismus</u> (Unbeweglichkeit der Politik); <u>Intranzparenz</u>

Kommunalpolitik

- **Kommunale Ebene** auch **von Politikverflechtungen betroffen aufgrund** der **Verwaltungsstrukturen:** *Großteil der Ausführungsleistungen*, auch bei der Umsetzung von Bundesgesetzen, wird den Ländern und mit ihnen den Kommunen und Verwaltungen überlassen.
  - ◦ Großteil des politischen Personals sammelt zunächst auf "unteren" Ebenen Erfahrungen
- **Kommunalpolitik** läuft **in "politischen Systemen"** ab, die **von Land zu Land unterschiedlich** sein können. **Art. 28 GG legt den Rahmen ->**
- **Verschiedene Kommunalverfassungen in D:**
  - ◦ **Gemeinsam** *ist aber*, dass der (a) *Gemeinderat* oder das *Stadtparlament*, sowie (b) der *Bürgermeister unmittelbar gewählt* werden
  - ◦ **Unterschiedlich:** *Rolle des Bürgermeisters:*
(a) *alleinige Verwaltungsspitze*,
(b) *Bürgermeister teilt sich diese Rolle mit dem Vorsitzenden des Gemeindeparlaments*; oder
(c) ob es noch zusätzlich einen anderen *Ausschuss gibt, der exekutive Aufgaben übernimmt*.
- Häufiger **Einsatz direktdemokratischer Verfahren:** Im GG vermerkt; Entscheidung durch die Gemeindeversammlung -> kooperative Einbindung der Bürger soll erreicht werden
- **Kommunale Ebene = Primärer Verwaltungssektor**
  - ◦ *Spielfeld der Verwaltungsmodernisierung* geworden
  - ◦ Verschiedene Einstufungen: Juristen tendieren zur Position der "Verwaltungsebene"; Politikwissenschaftler eher zu "politischem System".
    - ▪ *pro Verwaltungsebene:* Gemeinden geben sich keine eigene Verfassung; Keinen Einfluss auf ihren Kompetenzbereich, jederzeit von oberer Stelle veränderbar; Ausführende Ebene von höheren Ebenen; Bei Finanzierung abhängig
    - ▪ *pro politische Ebene:* In Gemeinden sind vollständige institutionelle Systemstrukturen mit gewaltenteiligen Merkmalen; Parteien; Gewisse Bereiche können autonom entschieden werden (Wirkungsbereich), GG 28; Eigene Einnahmequellen; Föderalismusreform untersagt dem Bund den Kreisen und Gemeinden unmittelbar Aufgaben zuzuweisen.
  - ◦ **Hohe Verflechtungsdichte der Kommunalebene mit der des Landes und des Bundes.**

11 Die entgrenzte Demokratie – Europäisierung und Globalisierung[11]

- Teilnahme am Aufbau einer europ. Gem. der Nationen war eine der wesentlichen Meilensteine nach der Gründung der westdt. Demokratie
  - ◦ Bestimmte Etablierung der Bonner Demokratie, die wachsende Souveränität und auch die deutsche Einheit im Jahre 1990 mit.

Europäische Integration als Prozess:
- **Geburtsstunde 9. Mai 1950:** Pressekonferenz auf der Robert Schuman (franz. Außenminister) eine Initative seiner Regierung vorstellte: "Schuman-Plan" -> Zusammenarbeit mit der BRD im Sektor der Kohle- und Stahlproduktion (Montanunion)

---

[11]Vgl. Marschall, Das politische System Deutschlands, 2011, 241–263.

- **Dynamik der europäischen Integrationsgeschichte** ist **von zwei Entwicklungen geprägt: (a) der politikfeldbezogenen** (1957 Euratom u. EWG; 1967 verschmolzen EGKS, Euratom und EWG zur "Europäischen Gemeinschaft") und **(b) der territorialen Ausdehnung** der Gemeinschaft

- **Etappen der europäischen Integration**
  1951 Montanunion (EGKS)
  1957 Vertrag von Rom: Gründung der Europäischen Wirtschaftsgemeinschaft und der Europäischen Atomgemeinschaft
  1959 Beginn des Zollabbaus innerhalb der Gemeinschaft
  1962 Europäischer Agrarfonds nimmt seine Arbeit auf
  1972 Zusammenarbeit in der Außenpolitik
  1979 Europäisches Währungssystem/erste Direktwahl des Europäischen Parlaments
  1985 Schengener Abkommen
  1986 Einheitliche Europäische Akte (Ziel: Schaffung eines Binnenmarktes
  1993 Binnenmarkt, Europäische Union, Maastricht-Vertrag in Kraft
  1999 Euro-Einführung, Vertrag von Amsterdam tritt in Kraft
  2002 Euro-Bargeld
  2003 Vertrag von Nizza in Kraft
  2005 Verfassungsvertrag in Frankreich und den Niederlanden abgelehnt
  2009 Vertrag von Lissabon in Kraft

- **Drei Säulen** der Europäischen Union: **GASP, PJZS, Wirtschaft**

- Ausweitung der Mitgliedschaft der Europäischen Gemeinschaft: Ursprünglich sechs;
  - Prozess, mit Auf und Abs....

- **Vertrag von Lissabon:** Aufnahme vieler Punkte aus dem gescheiterten Verfassungsvertrag
- **Dialektik von Krise und Reform** bzgl der Integrationsgeschichte der Europ. Gem.

Das politische System der EU:
- Setzt autonom Recht, führt es aus und kontrolliert die Einhaltung.
- **System** sui generis; [**Staatenverbund**]
- **Instanzen der EU:**
  - **Ministerrat** (auch: Rat der Europäischen Union): *Entscheidet über Gesetzesvorlagen:* Zusammensetzung aus den *Fachministern* der Mitgliedsstaaten, je nach betroffenem Ressort; *Entscheidung mit QME* (55 Prozent der Ratsmiglieder, die mindestens 65 % der Bevölkerung umfassen müssen)
  - **Europäischer Rat:** *Staats- und Regierungschefs:* "*Gibt* der Union die für ihre Entwicklung erforderlichen *Impulse* und *legt* die allgemeinen politischen *Zielvorstellungen und Prioritäten* hierfür *fest*" (Art.15 EU- Vertrag); Treten mind. 2x jährlich zusammen.
  - **Europäisches Parlament:** Straßburg und Brüssel; *Wahl alle 5 Jahre;* Hat an Einfluss gewonnen; *Regelverfahren* ist das *"Mitentscheidungsverfahren"* in dem das Parlament gleichberechtigt mit dem Ministerrat an der Rechtssetzung teilnimmt.

- ○ **Europäische Kommision:** Jedes Land einen Kommissar (Ab 2014 nur mehr *18 Kommissare*); An der Spitze steht der *Kommissionspräsident* (vom Europäischen Rat vorgeschlagen, vom Parlament gewählt). Die *einzelnen Kommissare* werden von den *Mitgliedsstaaten vorgeschlagen und vom Parlament gewählt*; Generaldirektionen sind nachgeordnete EU- Verwaltungseinrichtungen
    - ▪ *Aufgabe der Kommission: Legislative* und *exekutive Aufgaben*; Auch als "Motor der Integration" bezeichnet; Legt dem Ministerrat und dem Parlament Entwürfe für Rechtsakte der EU vor (Legislative); *Kontrolliert Umsetzung des Europäischen Rechts in den Ländern der EU* -> Möglichkeit einer Vertragsverletzungsklage gegen einen Mitgliedsstaat.
- **EuGH:** *27 Richter; Judikative* im EU-System; Hat ein Gericht erster Instanz zur Entlastung des EuGH. Aufgabe: Hütet das Gemeinschaftsrecht und entwickelt es fort;
- **Europäischer Rechnungshof:** *Aufgabe ist die Rechnungsprüfung*; Kontrolliert alle Einnahmen und Ausgaben der EU
- Wirtschafts- und Sozialausschuss haben beratende Funktionen

- *Finalität der EU ist offen*; System in Entwicklung.

Europäisierung dt. Politik – Wie verändert sich die dt. Demokratie?
- **BRD Teil der Politikverflechtung auf europäischer Ebene**
- **Europäisierung führte zu einer fundamentalen Veränderung der nationalen politischen Systeme:**
    - ○ **(I) Wandel der Gesetzgebung und Interessenvermittlung:** *Kompetenz der EU in vielen Bereichen Recht zu setzen* (Abtretung der nationalen Kompetenzen an die EU; zB hat der Bundestag in Fragen der Zollpolitik und der Wettbewerbspolitik nur noch marginale Regelungsmöglichkeiten); Rechtssetzungskompetenzabgang trifft vor allem die nationalen Rechtssetzungsorgane;
        - ▪ **Vorteile für die Bundesregierung** -> Zwei-Ebenen-Spiel der Regierungen in der EU (kann versuchen, Mehrheiten auf EU-Ebene zu finden, um so die nationalen Parlamente zu umgehen)

[**EU-Rechtsakte** sind *(a) Verordnung* (unmittelbar anzuwenden), *(b) Richtlinien* (von den Nationalstaaten auszufüllendes Rahmengesetz), *(c) Entscheide*]
        - ▪ **Art. 23 GG "Europa-Artikel":** Sicherung des *Rechts des Bundestages auf Information; Auch Bundesrat* und die *LReg*
        - ▪ **Europäisierung organisierter Interessen:** Vertretung von nationalen und europäischen Verbänden nicht nur zB in der Bundeshauptstadt, sondern auch bei der EU; Allerdings noch keine vergleichbare Europäisierung anderer Instanzen der Interessensvermittlung, wie Parteien oder Medien
    - ○ **(II) Europäisierung in der Gesetzesausführung und Rechtssprechung:**
        - ▪ *Bund und Länder setzen Rechtsakte der EU um* (Anwendung im Rahmen des Verbundföderalismus)
        - ▪ **Wandel der Rechtssprechung in D:** Vor allem *bei Konflikten zwischen nationaler und europäischer Bestimmungen*. **EuGH entscheidet über deren Vereinbarkeit.** Frage ist allerdings inwieweit das BVerfG entscheiden, ob EU-Recht mit nationalen Verfassungsnormen, zB den Grundrechten in Konflikt steht ("Solange I"- Urteil:

"Solange" es keine Grundrechtskontrolle auf EU-Ebene gebe, sei das BVerfG
zuständig...; "Solange II"- Urteil (1986): BVerfG verzichtet auf die Kontrolle des
Gemeinschaftsrechtes, "solange" gewährleistet sei, das der EuGH solche Prüfungen
übernimmt; allerdings **praktiziert der BVerfG solche Überprüfungen mittlerweile**
wieder). *Europäisierung <u>schränkt</u> generell Kompetenzen des BVerfG <u>ein</u>.*
  - **(III) Europäisierung in der deutschen Bundesstaatlichkeit:** *<u>Einengung</u> der*
    Spielräume der Länder durch das, was in 'Brüssel' geschieht. EU berücksichtigt nur
    bedingt, dass in einigen Mitgliedstaaten föderale Strukturen existieren
    - *AdR: "Ausschuss der Regionen"* als *Vertretungsinstanz der Länder* auf EU-Ebene;
      unverbindliche, beratende Kompetenzen; heterogene Zusammensetzung, je nachdem
      welche Struktur die Mitgliedstaaten aufweisen; Zwischen 5 (Malta) und 24 (D)
      Mitgliedern
    - *Länder betreiben eigene Europapolitik:* Vertretungsbüros der Länder in 'Brüssel'
      betreiben "Lobby-Arbeit"; Auch Zusammenschlüsse mit anderen Regionen zur
      Positionsstärkung
    - *Einflussnahmemöglichkeit der Länder über die Bundesebene auf die*
      Europapolitik. Information des Bundesrates und der Landesregierungen nach Art. 23
      GG über Rechtssetzungsprojekte der EU; Mitunter ist die Zustimmung des
      Bundesrates erforderlich zu Rechtsumsetzung in D (zustimmungsbedürftige Gesetze)

- Parlamente als Verlierer des Integrationsprozesses: Kompetenzverlust an andere Ebenen

Demokratiedefizit der EU:
- Häufiges Argument: Die EU könne nicht selbst bei sich Mitglied werden, da sie die
  Anforderungen nicht erfülle (allerdings grundlegend verschieden von einem Staat in Aufbau
  und Funktionsweise...)
- <u>Kritik:</u>
  - **"no-problem"- These:** Organstruktur der EU erlaube keine Demokratie; Aufwertung
    des EU-Parlaments notwendig, Schwächung intergouvermentaler Organe wie des
    Ministerrates notwendig; Europäisches Parteiensystem erforderlich.
  - **"no-demos"- These:** Demokratie sei hier nicht möglich, da keine gemeinsame Sprache,
    Kultur und Identität. Kein Europäisches Volk, also kein europäischer "demos", der eine
    *Demo*kratie begründen könnte. Das BVerfG hat sich im Maastricht- und Lissabonvertrag
    dieser Sichtweise angeschlossen: Verlässlichste Rahmen für die Legitimation von
    Entscheidungen bleibe immer noch der Nationalstaat (nur hier Volkssouveränität über
    das jeweilige Parlament gewährleistet). Dieser Logik entspricht das Prinzip der
    Subsidiarität.
- Die *Antwort auf eine Europäisierung von "oben" sei eine Demokratisierung von*
  "unten"... "Lissabon" hat für die Stärkung der Parlamente gesorgt, zB durch ein Klagerecht.
  Allerdings sind Zweifel an der tatsächlichen Effektivität dieser formalen Stärkung
  angezeigt.
Spannung: Europäisierung fordert eine demokratische Abfederung, ist aber eher mit dem Gegenteil
verbunden.

Globalisierung und der Wandel der deutschen Demokratie:

- auch häufig von *"Transnationalisierung"* und *"Internationalisierung"* die Rede -> Diffuser Begriff
  - 5 Dimensionen (nach einer Bremer Forschungsgruppe); mehr als ein ökonomisches Phänomen:
    - **(1)** Dimension **Gewalt**: Überwindung territorialer Grenzen durch Waffentechnologie; Drohung und Bedrohung werden grenzüberschreitend; Terrorismus
    - **(2)** Dimension **Umwelt**: zB Klimawandel; Verdichtung der Thematik aufgrund immer größerer wirtschaftlicher Interdependenz
    - **(3)** Dimension **Kultur und Kommunikation**: zB "Amerikanisierung", gleichzeitig aber auch kulturelle Parallel- oder Gegenbewegungen zur Expansion US-amerikanischer Kulturgüter; Massenkommunikation
    - **(4)** Dimension **Mobilität**: Personenmobilität über Reisemöglichkeiten; Zunahme der Migrationsströme
    - **(5)** Dimension **Wirtschaft**: Ökonomische Dimension der Globalisierung; Abbau von Handelshemmnissen, seitens vieler Staaten ("freier Weltmarkt"); Organisatorisch wird die Idee einer weltweiten Freihandelszone von der WTO getragen; Interdependenz; Für die BRD ist Außenhandel eine wichtige Größe, aber auch auf Importe (insbesonders im Energiebereich) angewiesen.
  - *Unterschiedliches Ausmaß der Globalisierung in verschiedenen Teilen der Welt.* D ist allerdings mit im Zentrum der Globalisierungsprozesse.

"Globalisierung" deutscher Politik – Wie verändert sich die deutsche Demokratie?

- *Einengung politischer Handlungsspielräume – Frage* nach der *Steuerbarkeit* eines derartig hochkomplexen Systems.
  - Bsp. Klimawandel von D aus nicht aufhaltbar; Abwanderung von Betrieben in 'Billiglohnländer'... Gestaltungsmöglichkeit nationaler Gesetzgeber wird kleiner.
  - Gegenmaßnahmen einzelner Staaten sind zB Schutz des eigenen Marktes vor bestimmten Exportgütern, Subventionierung einiger Industriebereiche, restriktive Einwanderungsbestimmungen.
  - *Auffangen der Steuerungsverluste* auf staatlicher Ebene *durch* eine *Ausweitung zwischenstaatlicher Zusammenarbeit.* Versuch die Denationalisierung gemeinsam in Griff zu bekommen. ->
  - *Globalisierung verstärkt Entparlamentarisierung*, denn "international" bedeutet meist "intergouvermental"
  - "global democracy" als Utopie

12 Die zukunftsfähige Demokratie – Zwischen Reformfähigkeit und Blockadegefahr[12]

- **Verschiedene Ansätze zur Betrachtung politischer Systeme:** *Konsens- oder Konflikthaftigkeit* oder *Gegenüberstellung von Konsens- und Konkordanzsystemen* auf der einen, und Mehrheits- ode Konkurrenzsystemen auf der anderen. Außerdem ist das *Konzept der Veto-Spieler und der Veto-Punkte-Ansatz* hilfreich.

---

[12]Vgl. Marschall, Das politische System Deutschlands, 2011, 269–290.

- **Veto-Spieler und Veto-Punkte in der deutschen Demokratie:** *Viele Akteure* (vgl. oben); Dieser Ansatz wurde von George TSEBELIS entwickelt; *Veto-Spieler= Akteur, der einen Politikprozess **verhindern** kann* (können zweite Kammern, Präsidenten, etc. ; oder aber auch Parteien in Koalitionen zB)
- **Anzeichen für eine Mehrheitsdemokratie (in D):** Noch **keine** Minderheitsregierungen; *Regelungen wie* das *konstruktive Misstrauensvotum und* die *Vertrauensfrage machen eine Minderheitsregierung **unwahrscheinlich**.*
- **Grenzen der dt. Konkurrenzdemokratie:** Der Konkurrenzcharakter wird dadurch eingeschränkt, dass *parlamentarische Mehrheiten fast immer auf Zusammenschlüssen von Parteien beruhten* -> Das *erzeugt auch Vetopunkte* (=Blockademöglichkeit im politischen Prozess)
  - **Vetopunkte im deutschen politischen System:**
    - *Föderale Politikverflechtung;*
    - *Bundesrat* (je nachdem welche ob Gesetz zustimmungsbedürftig oder nicht);
    - *BVerfG* (Kann jedes vom Bundestag erlassenes Gesetz zu Fall bringen, sofern verfassungswidrig...);
    - *Verbände und organisierte Interessen*: Politikfeldspezifisch stark oder schwach. ZB bei der Aushandlung von Tarifverträgen eine beträchtliche Gestaltungsautonomie. Außerdem essentieller Einfluss auf die Frühphase der Gesetzgebung/ des Politikprozesses.
  - *Zahlreiche Vetospieler erfordern Konsensbereitschaft.*
  - **Konsenspunkte** der deutschen Verhandlungsdemokratie:
    - *Vermittlungs- und Fachausschüsse* als Konsenspunkte (zB Vermittlungsausschuss Bundestag – Bundesrat)
    - *Informelle Politik:* Greift, wenn institutionelle Konsenspunkte für eine Kompromissfindung nicht hinreichend sind.
    - An vielen Stellen des politischen Prozesses wurden Nischen zur Konsensfindung etabliert. ZB Koalitionsrunden und -ausschüsse.
    - *Konsenspunkte mit Verbänden*
    - *Kanzler als "wandelnde Konsenspunkte":* "wandelnder Vermittlungsausschuss"

- **Deutschland als Verhandlungsdemokratie:** Arend LIJPHART bezeichnet D als *"föderalistische Konsensusdemokratie"* (bundesstaatlicher Aufbau; Verschränkung Landes- mit Bundesebene)

Die reformierte Demokratie?
- **Verfassung im Wandel:** Das heute gültige GG unterscheidet sich in vielen Punkten von der Fassung 1949 des Parlamentarischen Rates. Von 1949 bis 2010 hat es 58 Änderungen des GG gegeben
  - *Kleine Eingriffe* und *große Reformpakete*
  - *Erster Eingriff: Aufstellung dt. Streitkräfte* aufgrund der internationalen Lageentwicklung
  - *50er/60er Reformdruck* im Bereich der *Finanzverfassung*
  - *Änderungen aufgrund der deutschen Einheit* und durch die europäische Integration

- ○ *Föderalismusreform I & II:* In den 2000er Jahren; umfangreichste Änderung der Verfassung seit Inkrafttreten.
- • GG ist nicht reformresistent

Zukunft:
- • *Reformen als Daueraufgabe* aufgrund der sich ändernden Lage
  - ○ **Reformen als Abbau von Veto-Punkten:** Viele Probleme durch die Föderalismusreform abgebaut -> aber notwendige Fortsetzung der Föderalismusreform. Probleme durch diese: Rücklagerung von Kompetenzen auf Länderebene (-> Druckerhöhung)
    - ▪ Diskussion: Neugliederung der Länder, Mehrheitswahlrecht, Europäisierung
    - ▪ Reform der EU
  - ○ **Reformen im Sinne des Auf- und Ausbaus von Vetopunkten:**
    - ▪ Stärkere Einbindung der Bevölkerung durch direktdemokratische Verfahren
    - ▪ Innovative Beteiligungsformen: ZB Bürgerforen und – konferenzen
    - ▪ Direktwahl des Bundespräsidenten? -> Kritik: Direktwahl schwäche das parlamentarische Prinzip
  - ○ -> *Widersprüchliche Reformansätze*
  - ○ Angemessener Ansatz: Stärkung der parlamentarischen Demokratie und Partizipation (Wohldosierte Einführung direktdemokratische Elemente)

Deutsche 'Schlechtwetterdemokratie'?
- • **Herausfordungen:**
  - ○ *Überwindung der dt. Teilung;*
  - ○ *Integration* unterschiedlicher religiöser, ethnischer, sozialer,... Gruppen;
  - ○ *Funktionstüchtigkeit* der *sozialen Sicherungssysteme*
  - ○ *Terrorismus*
- • Demokratiestärkung ist möglich und nötig: Aufgabe der politischen Funktionsträger ist es die Bürger "mitzunehmen".

Quellen- und Literaturangaben:
Marschall, Stefan: Das politische System Deutschlands, Konstanz: UVK Verlagsgesellschaft [2]2011 (=UTB 2923).

Da es sich hierbei um eine Zusammenfassung und Ausarbeitung handelt, ist die Quelle für alle dargestellten Inhalte, Zitate und Darstellungen selbiges Werk, lediglich eine Darstellung wurde anhand einer aktualisierten Fassung der gleichen Grafik einer neueren Auflage des gleichen Werkes (Rudzio, Das politische System der Bundesrepublik Deutschland, 2015) aktualisiert.
Des weiteren finden Sie dort – eingefügt nach den jeweiligen Kapiteln – eine umfangreiche Literaturangabe mit den Quellen, auf die Stefan Marschall sich mit seinem Werk bezieht, sowie die darin behandelten Schwerpunkte erläutert.